致玛雅,中场的奇迹。
——〔英〕亚历克斯·贝洛斯

致亲爱的ABC。
——〔英〕本·利特尔顿

图书在版编目（CIP）数据

足球如何改变世界/(英)亚历克斯·贝洛斯,(英)本·利特尔顿著;(英)斯派克·格雷尔绘;王凌宇译. --北京:中译出版社,2023.1（2023.6重印）
（足球学校）
书名原文：Football School Season 1:Where Football Explains the World:Rules
ISBN 978-7-5001-7120-1

Ⅰ. ①足… Ⅱ. ①亚… ②本… ③斯… ④王… Ⅲ. ①足球运动-儿童读物 Ⅳ. ①G843-49

中国版本图书馆CIP数据核字(2022)第114758号

本书插图系原文原图

（著作权合同登记：图字 01-2022-2608）

FOOTBALL SCHOOL SEASON 1: Where Football Explains the World
Text copyright © 2016 by Alex Bellos and Ben Lyttleton
All rights reserved including the rights of reproduction in whole or in part in any form.
Illustrations © 2016 Spike Gerrell
Published by arrangement with Walker Books Limited, London SE11 5HJ.
All rights reserved. No part of this book may be reproduced, transmitted, broadcast or stored in an information retrieval system in any form or by any means, graphic, electronic or mechanical, including photocopying, taping and recording, without prior written permission from the publisher.
The simplifed Chinese translation copyrights © 2022 by China Translation and Publishing House
All rights reserved.

足球如何改变世界
ZUQIU RUHE GAIBIAN SHIJIE

著　　者：[英]亚历克斯·贝洛斯　[英]本·利特尔顿
绘　　者：[英]斯派克·格雷尔
译　　者：王凌宇

策　　划：中译童书
责任编辑：张　猛
文字编辑：胡婧尔
营销编辑：王子超　张　猛
装帧设计：Adam　　　　　　　　　排　　版：北京七彩世纪

出版发行：中译出版社
地　　址：北京市西城区新街口外大街28号普天德胜大厦主楼4层
邮　　编：100088
电　　话：(010) 68359827，68359303（发行部）；(010) 68002876（编辑部）
电子邮箱：book@ctph.com.cn
网　　址：http://www.ctph.com.cn

印　　刷：北京博海升彩色印刷有限公司
规　　格：1100 mm×840 mm　1/32　　印　张：6.5　　字　数：128千字
版　　次：2023年1月第1版　　　　　印　次：2023年6月第2次

ISBN 978-7-5001-7120-1　　　　　定　价：36.00元

版权所有　侵权必究
中译出版社

足球如何~~解救~~世界
改变

[英]亚历克斯·贝洛斯 [英]本·利特尔顿 著
[英]斯派克·格雷尔 绘
王凌宇 译

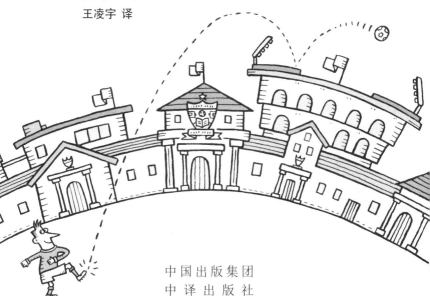

中国出版集团
中译出版社

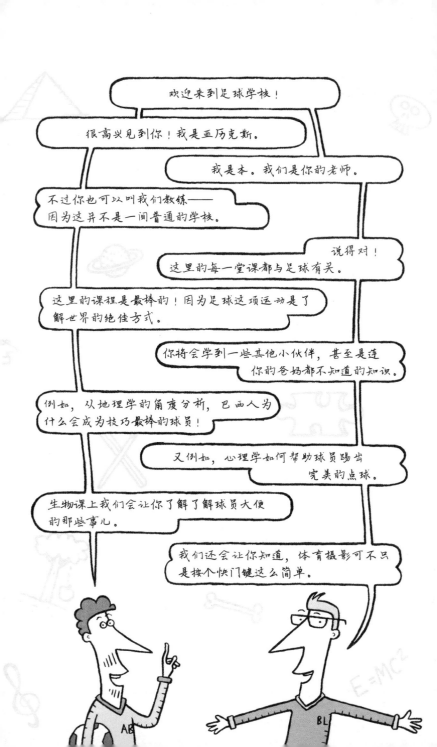

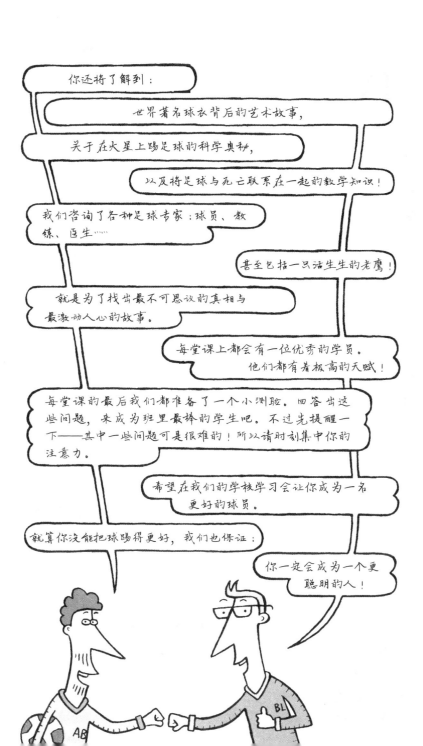

认识一下你的教练

亚历克斯·"贝洛尔多"·贝洛斯

"朋友你好!"

☆☆☆ 教练档案

出生地:牛津

曾生活过的国家:英国,巴西

居住地:伦敦

兄弟姐妹:两个小妹妹

最初足球回忆:苏格兰获得1978年世界杯参赛资格

最佳足球回忆:当巴西队赢得2002年世界杯冠军时,刚好身在巴西的里约热内卢

位置:右中场

现实职业:写书(有关数学、谜题和巴西足球)

理想职业:探险家

支持球队:派桑杜足球俱乐部(巴西)

球员伙伴:贝利

特技:非常擅长计算乘法表、比赛积分表和净胜球数……

☆☆☆ 教练 档案

出生地：伦敦

居住地：伦敦

兄弟姐妹：一个哥哥

最初足球回忆：1981年，我第一次集齐了一套帕尼尼球星卡

最佳足球回忆：在25 000名球迷面前踢进点球

最喜爱的球衣：罗马足球俱乐部2014–2015赛季客场球衣

位置：左中场

现实职业：足球记者、足球评论员与点球专家

理想职业：足球运动员

支持球队：利特尔顿足球俱乐部（中部联赛甲组）

球员伙伴：安东宁·帕年卡

特技：从未失误过任何一个点球

本·"笔点球"·利特尔顿

"裁判，罚点球！"

课程表

	星期一	星期二
	点 名	
第一节	生物 10—19	动物学 42—53
第二节	英语 20—31	个人健康与社会教 54—65
第三节		历史 66—77
第四节	数学 32—41	
	午 餐	
第五节	数学 32—41	心理学 78—87

你会和我们的优秀学员一样聪明吗？

星期三	星期四	星期五
上午 8:30—8:40		
设计技术 88—97	摄影 132—143	政治 174—185
	商业研究 144—153	
地理 98—109	时尚 154—163	音乐 186—195
戏剧 110—119		
下午 1:00—2:00		
哲学 120—131	计算机科学 164—173	物理 196—203

> 小测验的答案在 206 页。但不能作弊哦！

星期一　　　　　　　第一节　生物

欢迎来到足球学校本周的第一堂课。我们即将开始精彩绝伦而又臭气熏天的——大便课程。

足球运动员对待自己的消化系统是非常认真的。他们不仅需要摄入适当的食物来保持身材和健康，还需要考虑他们的大便。没有人愿意在比赛中途出状况，毕竟你不可能当着五万球迷的面冲向厕所。因此顶级球员会计划好比赛前上厕所的时间。

饭菜安排

有计划地排便需要满足两点。不仅需要吃适合的食物，还要在适当的时间进食。足球运动员们都有专门的"食物医生"，就是所谓的营养师，他们会确保球员们能好好吃饭。这是球员在赛前常吃的两种主菜：

这是球员在赛前绝对不会吃的两种食物：

食物给予人们赖以生存的能量和营养。赛前让球员吃土豆和米饭，是因为这两种食物中含有大量碳水化合物，可以为人体提供能量。追着一颗球跑90分钟可是需要不少能量的，因此对球员们来说，土豆和米饭的助力非同小可。

球员们也会吃很多鸡肉和鱼肉，因为它们富含蛋白质，有助于人体细胞的生长和修复。像胡萝卜和西兰花这样的蔬菜是矿物质和维生素的重要来源，它们可以增强人体免疫系统，抵御感染和其他疾病。

芝士汉堡、薯条和甜甜圈里富含脂肪。你在比赛前绝不会想摄入脂肪，因为它会减缓消化系统的运转速度，并且食物停留在胃里会让人觉得又饱又重，并不适合踢足球这种必须到处奔跑的运动。

如厕时间

为了完美地计划好排便的时间,你需要安排好进食的时间点。足球俱乐部会保证自己的球员在赛前 3 小时进食。这样就能让食物有充足的时间通过整个消化系统。

消化系统指的是人体摄入食物、粉碎食物、吸收营养成分、生成大便的相关器官,最后这步相当重要。

这段旅程从食物进入**口腔**开始。当你好好咀嚼完食物后,被碾碎的食物会顺着一条长长的管子往下进入**胃**里,我们将那条管子称为**食道**。食物会在胃里被充分搅拌。然后在**肝脏**和**胰腺**等器官的协助下,胃里的化学成分会对食物进行分解。**小肠**和**大肠**是食物的最后一站,在这里,营养物质会被吸收进血液,残余物质则会通过**直肠**和**肛门**排出,也就是大便啦。对于一个成年人来说,食道、胃和肠道加在一起有将近 9 米那么长,我们也将它们称为**消化道**。

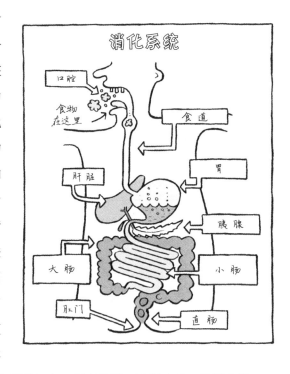

全拉出来

在比赛开球前,球员吃下去的食物将会被完全分解,而且所有食物残渣都会被排出体外。英格兰足球超级联赛(简称英超)的某个顶级俱乐部会在赛前进行一项臭气熏天的秘密仪式。球员们要挨个拉大便,他们会按照提前安排好的顺序依次走进厕所,这个顺序在某种程度上是根据球员在队内的资历排的。基于某种与气味相关的明显原因,资格最老的人可以最先拉屎!胃里空空,他们就能好好迎接比赛了。

可是要给球员们安排固定的吃饭时间(以及排便时间)非常困难,因为比赛开球的时间并不固定。周末是在中午或下午开球,其余时间则是在晚上开球。

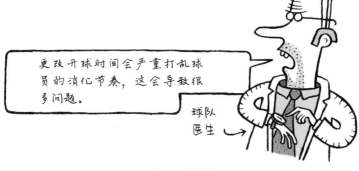

更改开球时间会严重打乱球员的消化节奏,这会导致很多问题。

球队医生

肚子恐慌

无论球员吃了什么食物,他们都会在赛前排便的另一个原因是紧张。

当一个人非常非常紧张的时候,就会想拉屎。在一场大型比赛之前,球员会极度紧张。他们会害怕没有踢好,害怕输掉比赛。

紧张或恐惧会在我们的肚子里触发某些奇妙的感受,这是源于所有动物都具备的一种内置求生系统。你可以把自己想象成某种动物,此时你正在全神贯注地想着自己的事情,突然,一只相貌恐怖的大型动物挡住了你的去路。你必须立即作出决定:战斗还是逃跑。无论你怎么选,你的肌肉都必须做好准备,因此你的身体会开始将血液转移到肌肉。

无论何时,只要人类察觉到了危险,心生恐惧,就会出现同样的反应,就像运动员在比赛前,或是学生在考试前的感受一样。血液会流向我们的肌肉,我们会分泌一种叫作肾上腺素的化学物质,人的反应会随之改变,变得尤其敏感。同时这也会导致消化道处于紧张状态,胃里仿佛蝴蝶乱飞,翻江倒海,迫使我们飞奔向厕所。

请记住,所有人都可能产生这种胃部翻江倒海的感受,就算是全世界最著名的球员也无法避免。有时候哪怕赛前做好各种计划,拉屎这事还是会出大乱子。

领队说我胃里最好有些蝴蝶^①。

---

① 原文 butterflies in my tummy,为英文谚语,意为焦虑不安。

便便趣闻

擦便便

加里·莱因克尔是英格兰有史以来最好的前锋之一。在1986年世界杯上，他有6粒进球，赢得了最佳射手的奖项——又称金靴奖。然而他在1990年世界杯赛的开场则有些沉寂，呃，或者说是糟糕。那届世界杯，英格兰的首场比赛是对阵爱尔兰共和国。"我试着抢断某个人，我张开自己的手脚，然后就有些'松懈'了，结果嗯……"莱因克尔回顾他在那场比赛中拉裤子的瞬间时说道，"我身体很不舒服，在踢到半场的时候我感觉很不好。幸好那天晚上下了雨，我能稍稍掩盖一下，可那个场景真的太混乱了。你会看到我在地上磨蹭，就像一条小狗试图擦干净自己的便便一样。那是我人生中最可怕的经历。"这件事也有一个好处：对方球队的球员都不愿意靠他太近。"除了那一次，我从没在其他比赛里得到过这么大的带球空间。"他大笑着说。

脏裤子

2011年墨西哥与东道主美国的比赛以1∶1平局结束。在距离比赛结束还剩几分钟时，墨西哥中场奥马尔·阿雷利亚诺弯下腰调整他的袜子。随着电视镜头的拉近，观众们看到了令人惊奇的一幕：在他的白色短裤背面，有一块可疑的

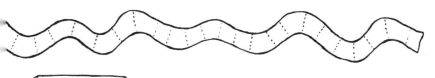

棕色印记。这一幕被转播到了世界各地。

拉屎趣事

2002年4月的英超联赛中,威尔士中场罗比·萨维奇所在的莱斯特城对阵阿斯顿维拉。

"当时我因为腿被踢伤,正在服用两种抗生素,这导致我的胃很不舒服。"罗比·萨维奇在回忆那天时说,"我在比赛日当天拉肚子很严重,必须立刻去厕所,而当时离我最近的就是那间裁判专用的厕所。"这是一个"昂贵"的决定:裁判格拉汉姆·波尔将他的这个"不当行为"报告到了英格兰足球总会,萨维奇不得不因此支付10 000英镑的罚款。

脸颊与屁股

在2013年英超联赛中,南安普顿对阵埃弗顿。在比赛下半场中段时,英格兰边锋杰森·庞琼跑到了球场边。然后他在几分钟后又回到了场上,脸上挂着笑容。球迷们高歌一曲,歌词暗示他刚刚是去拉屎了。庞琼在几周后的另一场比赛中似乎证实了球迷们的猜测,他在庆祝自己刚才的进球时故意跑到了角旗旁,弯下腰做出擦屁股的动作。

狗 屎

足球并不是唯一一项"拉屎比憋屎好"的运动。据说在灰狗赛跑这项运动中,赛前刚拉过屎的狗赢得比赛的概率更大。观众们会目不转睛地盯着那些狗狗,以防任何一只狗突然蹲下……

这年头真是什么隐私都没了。

优秀学员

切·阿米汤

"不是我拉的!"

☆ 优秀学员 档案

最喜欢的数字:2
每日摄入西梅干数量:25
胃中蝴蝶数量:324
在运动短裤内穿的长裤数量:3
出生地:英格兰屎石村
支持球队:阿森纳(英国)
最喜爱的球员:卡卡
特技:闻到危险的气息

生物小测验

1. 以下哪个选项不属于消化系统?
   a) 食道
   b) 胃
   c) 肝脏
   d) 鼻子

2. 如果将一个成年人的肠道展开,那将会和以下哪个选项一样长?
   a) 球门柱的高度
   b) 球门的宽度
   c) 足球场的宽度
   d) 从足球场中圈到离它最近的厕所的距离

3. 平均每人每 100 分钟会放多少次屁?
   a) 0 次
   b) 1 次
   c) 10 次
   d) 100 次

4. 在 1996 年奥运会的一场比赛中,巴西前锋罗纳尔多被人们抓到在偷偷做什么?
   a) 吃他的鼻屎
   b) 朝对手的脸放屁
   c) 尿到了他的短裤上
   d) 向裁判打嗝

5. 温布利球场是世界上厕所最多的球场。它一共有多少间厕所?
   a) 418
   b) 818
   c) 1318
   d) 2618

星期一　　第二节＋第三节　英语

这节课讲的是足球语言。想要更好地享受比赛，你得学会说行内话。你知道 howler（吼叫者）和 screamer（尖叫者）[①] 这两个词的不同之处是什么吗？我猜你答错啦，它们在足球场上跟人们发出的声音可没关系。

足球语言中盛行**陈词滥调**，意思是一些话因为被说太多次了，导致说起来毫无新意。"这是一场激动人心的比赛"就是一种陈词滥调。你在我们的插画中或许也会发现一些类似的语言。

今天我们将会学习 ABCD，英文是 Alex and Ben's Classroom Dictionary，指的是"亚历克斯和本的课堂词典"。这本词典中充满了各种足球**术语**，它指的就是足球门外汉无法理解的特殊语言。我们会解释一些词语和短语的有趣来源。这些词汇将帮助你更加深入地了解足球比赛。另外，当你在听球赛解说或是听球员发言时，你也可以明白他们使用的那些词都是什么意思，哪怕他们只是在胡说八道。他们可是经常胡说八道的！

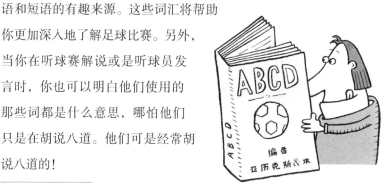

① howler 在足球比赛中指球员所犯的低级错误，尤其指门将失守的情况；screamer 在足球比赛中指精彩进球。

4-4-2：指的是在首发阵容是11人的情况下，由4个后卫、4个中场和2个前锋组成的阵型。因为守门员位置固定，所以并没有在阵型中被提及。一直以来，4-4-2阵型都是英格兰足球比赛中最常见的阵型。不过现在的球队也会经常使用由4个后卫、2个防守中场、3个攻击型中场和1个前锋组成的4-2-3-1阵型。⚽

the beautiful game（美丽的运动）：这个短语经常被用来形容足球。它原是从葡萄牙短语 o jogo bonito 翻译而来，后来因为亚历克斯的好朋友——巴西球员贝利而变得尤其知名。○ 🎤

bicycle kick（自行车踢、倒钩）：球员跃起，将一只脚翻转到空中，踢中头顶上方的足球，同时身体保持水平的动作叫作倒钩。在踢到球的瞬间，球员仿佛在空中蹬着一辆看不见的自行车。倒钩和过头踢不能弄混，过头踢指的是球员身体保持垂直时的倒挂踢球。🖐

重要球员

著名的倒钩瞬间

马克·休斯
（1985年，威尔士对阵西班牙）
让-皮埃尔·帕潘
（1992年，法国对阵比利时）
彼得·克劳奇
（2006年，利物浦对阵加拉塔萨雷）
韦恩·鲁尼
［2011年，曼彻斯特联（简称曼联）对阵曼彻斯特城（简称曼城）］
莉莎·德万娜
（2013年，天蓝对阵波士顿开拓者）

重点标识 ｜ ⚽ = 战术 ｜ 🎤 = 词源 ｜ 🖐 = 技术 ｜ ○ = 术语

bogey team（煞星球队）：bogey 这个词由来已久，指的是幽灵、妖精或妖怪。若甲球队总是输给乙球队，或是碰到乙球队总没好事，那么乙球队就被称为甲球队的"煞星球队（苦主）"。bogey 这个词在高尔夫球中也代表着坏运气，指的是球员高于标准杆一杆击球入洞。不过 bogey 还有另外一种意思，和上述两个场景完全无关，它还能表示从你鼻子里挖出来的绿绿的东西。○

brace（梅开二度）：在一场比赛中，同一个球员两次进球得分，我们就称之为梅开二度。这个词的英文源于法语词汇"bras（手臂）"，刚好我们都有两个手臂。○ ⚽

catenaccio（链式防守）：发明于意大利的一种防守战术，通过在后防线上额外增加一名球员，从而阻挡对方所有进球。当这种战术应用得当时，进攻方是无法突破这类防守的。catenaccio 这个词在意大利语中是"门闩"的意思。⚽ ⚽

(El)Clásico（西班牙国家德比、经典大战）：最常用来表示西班牙两大球队——皇家马德里和巴塞罗那之间的比赛。另外，

这个词还可以用来形容任意两支对抗球队之间的比赛，通常两支球队会来自同一地区。○

clean sheet（零封）：形容在一场比赛中，有一方队伍没有丢任何分数。在美国，这种情况也被称为 shutout（完胜）。○

derby（德比）：形容一场比赛的对阵双方都来自同一地区。这个词最初源于第12任德比伯爵，他于1870年在伦敦附近的小镇埃普瑟姆创立了著名的赛马大赛，这个比赛如今每年还会举行。"德比"这个词逐渐在各种盛大体育赛事被使用，最终用来指代两支同一地区的队伍在一场重大体育比赛中的相互对抗。 ✥

drubbing（彻底击败）：形容将对方彻底打败。2002年，马达加斯加的前赛季冠军——奥林匹克埃米内，以149∶0的成绩输给了AS阿德玛。这场比赛至今仍保持着专业足球赛中的最高得分记录。为了抗议裁判在前几场比赛中的不利判罚，那149球全是他们自己踢进的乌龙球。这场球赛后，该队的教练被禁赛3年。 ◯

数据与知识

著名德比球队

国 家	对抗球队	德比之名
英格兰	曼联与利物浦	西北德比（North-West Derby）
法国	巴黎圣日耳曼与马赛	法国国家德比（Le Classique）
德国	多特蒙德与拜仁慕尼黑	德国国家德比（Der Klassiker）
意大利	国际米兰与尤文图斯	意大利国家德比（Derby d'Italia）
葡萄牙	本菲卡与波尔图	葡萄牙国家德比（O Classico）
西班牙	皇家马德里与巴塞罗那	西班牙国家德比（El Clásico）

著名轻取比赛

年 份	国 家	胜 者	败 者	比 分
1885	苏格兰	阿布罗斯	邦亚戈	36∶0
1971	塔希提岛	塔希提岛	库克群岛	30∶0
2001	澳大利亚	澳大利亚	美属萨摩亚	31∶0
2013	尼日利亚	高原州联饲养者	阿库尔巴	79∶0

重点标识 | ✪ = 战术 | ✥ = 词源 | ✌ = 技术 | ◯ = 术语

dugout(教练席):教练和替补队员在比赛中所坐的长椅。过去的教练席常常是从地表挖出一块半地下区域,但现在通常已经不那么做了。

fair-weather fan(赢球球迷):这类球迷只有在球队表现好时才会支持该球队。就像有些人天气好时就会出门,天气差时就只会待在屋里。所以假如某支球队输了比赛,这类球迷就不会继续支持这支球队了。

galácticos(银河战舰):最初指的是皇家马德里组建的全明星球员阵容,现在只有全球最知名的球员才能获得这一称号。这个术语的来源,是有人形容足球是来自另一个星系的运动。

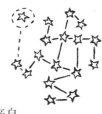

group of death(死亡之组):指的是在一场大赛的预选赛中,许多强队被分到了同一小组,导致在比赛初期至少有一支强队会被淘汰出局。

亚历克斯和本的课堂词典

hat-trick（帽子戏法）：在一场足球赛中，同一位球员三次进球得分。这个术语最早于1858年被使用，当时板球手H.H.斯蒂芬森连续三次击中门柱。球迷十分激动，他们募资买了顶帽子送给斯蒂芬森。后来"帽子戏法"一词就被沿用推广到了其他运动中。足球比赛中完美的帽子戏法需要球员在一场比赛中，分别使用左脚、右脚、头部进球得分。 ○ ⚲

magic sponge（神奇海绵）：当球员因受伤倒在球场上时，队医都会用这种海绵为球员治疗。虽然这只是普通的海绵，并没有什么神奇魔力，不过喷洒冰水通常可以帮助伤员恢复。冰水可以减少受伤部位的供血，限制受伤部位的肿胀，使球员能重回比赛。这使得这种海绵看起来非常神奇。 ○

Matildas（玛蒂尔德们）：这是澳大利亚国家女子足球队的外号，源于澳大利亚最著名的歌曲《瓦尔森·玛蒂尔德》，这首歌被誉为澳大利亚的非官方国歌。 ○ ⚲

nutmeg（穿裆过人）：指的是让球从对手两腿之间穿过。这个动词的最初来源并不清

重点标识 | ⊛ = 战术 | ⚲ = 词源 | 🖐 = 技术 | ○ = 术语

楚,不过存在以下几种猜测: 1. nutmeg 与 leg(腿)这个词恰好押韵。2. nutmeg 提及和暗示了那些被球穿裆而过的球员的 "nuts",也就是男性的睾丸。3. 在 19 世纪,短语 "to be nutmegged" 的意思是 "上当受骗",因为 nutmeg 本意指肉豆蔻,这种香料非常昂贵,所以卖家通常都会在肉豆蔻的袋子里掺杂木制肉豆蔻欺骗顾客。🖐 ○ 🎤

parking the bus(摆大巴):指的是全队几乎所有球员都位于防守区,就像在球门前摆放了一辆球队大巴一样。 ⚽ ○

数据与知识

有人想试试穿裆过人吗?

关于让球从对手两腿之间穿过的这个动作,其他国家也有他们独特的表达。

语 言	术 语
阿拉伯语(埃及、约旦、叙利亚)	蛋
奥地利语	小黄瓜
丹麦语	隧道
荷兰语	大门
芬兰语	衣领
法语	小桥
德语	隧道
希伯来语	穿针引线
意大利语	隧道
韩语	下蛋
葡萄牙语(巴西)	钢笔
西班牙语(拉丁美洲)	喷水管
瑞典语	隧道
土耳其语	摇篮

plum tie(精彩赛事):plum 的原意是李子,tie 的意思是领带,但这里指的并不是一条绘有紫色水果图案的领带,而是指一场激动人心的体育赛事。plum 还可以是 "令人向往" 的意思,tie 也可以指体育赛事。 ○

亚历克斯和本的课堂词典

poacher（抢点型前锋）：在足球中，这类前锋会在对手球门附近徘徊，利用稍纵即逝的机会迅速进球得分，形成致命打击。之所以用 poacher 这个英文单词，是因为这个词指的是那些在禁区打猎的"偷猎者"。 ☺ ○

rabona（插花脚）：指的是将一条腿绕到另一条站立的腿后"交叉"踢球的技术，这样会形成双腿交叉的姿势。阿根廷球员里卡多·因方特在1948年第一次踢出了这个技巧。当时他在距球门约32米远的地方用这招进球得分。因方特这个名字在西班牙语中的意思是"孩子"，当地一家体育杂志在报道这场比赛时，为了让读者理解这一招的大胆之处，称因方特当时正在"rabona"，意思是"逃学"。这个词之后就被保留了下来。 ✎ 🖐

six-pointer（六分战）：形容的是在联赛中排名不分上下的两支队伍之间进行的比赛。通常在足球联赛的赛季末尾，足球队会面临升级或降级。一场足球赛的胜者可以获得三分，败者没分。但是，如果两支队伍的积分和排名都非常接近，那么不但胜利队伍会拿到三分，失败队伍也失去了与其他队伍交战可能赢得的那三分。因此一局比赛的一胜一负会带来六分的差距。 ○

重要球员

插花脚专家

埃登·阿扎尔
埃里克·拉梅拉
安赫尔·迪马利亚
内马尔
克里斯蒂亚诺·罗纳尔多

重点标识 | ☺ = 战术 | ✎ = 词源 | 🖐 = 技术 | ○ = 术语

square ball（横传）：指的是球横向传送，而不是向前或向后。square 是方形的意思，但这里并不是说球不是圆的。

stepover（踩单车）：指的是球员将脚从球上跨过却不碰到球的小把戏，球员以此迷惑对手，让对手误以为他们会直接带球朝某方向移动。足坛普遍认为这个动作的发明者是 20 世纪初阿根廷博卡青年队的球员佩德罗·卡洛米诺。

supersub（超级替补）：这类替补队员通常会在比赛后期踢出关键一球，从而帮助球队赢得比赛。一些前锋是球场上的专家，非常擅长在对方防守疲惫时寻找空当。

tiki-taka（极致攻守）：一种来自巴塞罗那的足球战术，球员通过大量短距离传球在长时间内保持控球权。

vuvuzela（呜呜祖拉）：指的是一种塑料喇叭，当你吹它的时候会发出非常响的噪音。球迷们在 2010 年南非世界杯时使用过这种喇叭。

重要球员

超级替补之王

罗杰·米拉（喀麦隆，1973—1994）

大卫·菲尔克劳夫（利物浦，1975—1983）

奥莱·索尔斯克亚（曼联，1996—2007）

亨里克·拉尔森（巴塞罗那，2004—2006）

穆罕默德·纳吉（埃及，2009—）

踢球词典角

下面九个英文单词可以用来表示踢球的质量高低,从非常糟糕(howler,吼叫者)到非常精彩(screamer,尖叫者),你还能想到其他词语吗?

出乎意料(humdinger)
炫目(blinder)
迅猛(rocket)
恶臭(stinker)
大力(piledriver)
震惊(shocker)
绝妙(stunner)
吼叫者(howler)
尖叫者(screamer)

踢球计量表

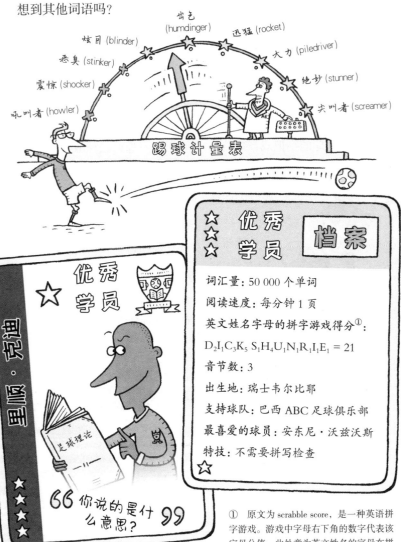

☆ 优秀学员 档案

词汇量:50 000 个单词
阅读速度:每分钟 1 页
英文姓名字母的拼字游戏得分[①]:
$D_2I_1C_3K_5\ S_1H_4U_1N_1R_1I_1E_1 = 21$
音节数:3
出生地:瑞士韦尔比耶
支持球队:巴西 ABC 足球俱乐部
最喜爱的球员:安东尼·沃兹沃斯
特技:不需要拼写检查

迪克·邓迪

"你说的是什么意思?"

[①] 原文为 scrabble score,是一种英语拼字游戏。游戏中字母右下角的数字代表该字母分值,此处意为英文姓名的字母在拼字游戏中的分值。

英语小测验

1. 下面哪种"陈词滥调"不能用来形容进球得分？
   a）踢球入网
   b）打败守门员
   c）击中球门框
   d）正中家门

2. 选择正确选项组成这句话。前锋跳起来好像一只：
   a）长颈鹿
   b）袋鼠
   c）跳蚤
   d）鲑鱼

3. "香蕉球"指的是什么？
   a）穿着黄色鞋子的球员进球得分
   b）传球或射门时球的轨迹呈弧形
   c）守门员将球踢得非常高，以至于能被树上的猴子抓到
   d）球员在球场上滑倒

4. 什么是"圣诞树阵型"？

   a）拉普兰的一种传统，联赛队长会在圣诞节时给对方球迷送礼物
   b）在树下堆着许多看上去像礼物的脏鞋
   c）一种由 4-3-2-1 组成的战术，俯视阵型和圣诞树的形状很像
   d）12月25日当天的联赛排名表

5. 球迷们会在球场内依次举手站起再坐下，仿佛波浪一般。为什么这种人浪被称为"墨西哥人浪"？
   a）因为全世界最高的海浪就在墨西哥海边
   b）曾有一个墨西哥球迷因为被菲希塔① 烫到嘴，而将菲希塔扔到空中，后来其他球迷都在模仿他的行为
   c）人浪在1986年墨西哥世界杯期间变得流行
   d）墨西哥城有大量环形交通

① 菲希塔，是一种墨西哥人的传统家常菜。

星期一　　　第四节＋第五节　数学

拿出你的计算器吧!这堂课我们会做一些算术题。

我们将会计算在一场足球赛中死亡的风险有多大,毕竟球场上真的会发生一些超级不幸的事件。

你可能会被闪电击中。

你可能会被从球门上掉下来的横杆打中。

你可能会撞到球场边的墙壁。

你可能在进球得分之后,翻到空中庆祝,结果没能顺利降落,伤到了背。

曾有一些球员因为以上这几种情况而去世。我们当然不希望你在足球学校发生不幸,所以我们要弄清楚足球到底有多危险。同时我们也会搞清楚对球员来说最大的健康风险是什么,以及人们对此做了哪些应对措施。

不过为了你的安全,不要在电闪雷鸣的天气出去踢球,不要"以身试杆",不要往球场边的墙壁上撞,也不要练习空翻。

概率到底是多少？

为了计算踢足球时的死亡风险，我们需要知道一共有多少人曾在踢足球时死掉，然后再除以踢足球的总人数。

根据这个数学关系，我们可以写出下面这个算式：

$$踢足球时的死亡概率 = \frac{在踢足球时死亡的人数}{踢足球的总人数}$$

很简单嘛！呃，好像也不是。因为我们不可能知道到底有多少人在踢足球时死掉，毕竟也没人会记录这个。

然而，德国一所大学曾以德国的汉堡市为范围，统计十年间在运动时死亡的总人数。我们将采用这个数据来计算每人每年在足球运动中死亡的风险程度。

下面这个表显示了从 1997 年到 2006 年间,汉堡市内不同运动项目所造成的死亡人数。汉堡市总人口为 170 万(此为进行统计时的数据)。由图可见,乒乓球运动的死亡人数最少,游泳的死亡人数最多,足球运动的致死率位于中游水平。

运　动	1997 年至 2006 年间的死亡人数(人)
乒乓球	7
马　术	10
网　球	15
足　球	17
跑　步	18
骑自行车	19
游　泳	31

为了计算在汉堡市踢足球带来的致死率，我们需要用十年间足球造成的死亡人数，也就是 17 人，除以那十年间汉堡市踢足球的总人数。

但是我们怎么知道有多少汉堡人踢足球呢？根据国际足联的数据，德国 1/5 的人口都会踢足球。所以我们可以假设在那十年间，有 1/5 的汉堡人踢过足球。170 万的 1/5 就是：

$$1\,700\,000 \times \frac{1}{5} = 340\,000$$

然后我们可以回到之前的算式进行计算。

我们可以说，在 1997 年到 2006 年（首尾年份计算在内）间汉堡市：

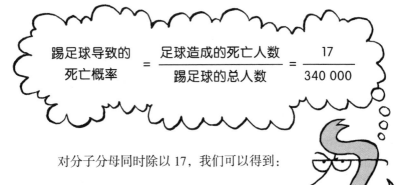

踢足球导致的死亡概率 = 足球造成的死亡人数 / 踢足球的总人数 = 17 / 340 000

对分子分母同时除以 17，我们可以得到：

$$= \frac{1}{20\,000} \text{ 或者说两万分之一}$$

因此，在1997年到2006年这十年间，汉堡市每两万人中，会有一个人因为踢足球而死。我们想要计算出每年的死亡概率，所以也就是十年概率的1/10。1/20 000 的 1/10 就是 1/10 × 1/20 000=1/200 000，读作二十万分之一。

我们有答案了！我们计算出了在1997年到2006年间，汉堡市踢足球的人的年度死亡概率为二十万分之一。

我们可以假设这个数字到现在不会发生太大的变化。而且因为汉堡人的生活方式跟英国人的生活方式很像，我们可以据此推测每年在英国踢足球人的死亡概率很可能也是二十万分之一左右。

但这并不是你自己在踢足球时的死亡概率。因为二十万分之一这个数字是面向所有人计算得来的，没有区分年龄大小、踢足球的专业程度和身材胖瘦。汉堡市的研究还发现，大多数踢足球离世的人都是由于心脏病发作。风险最大的是一些身体不好的成年人，他们的心脏无法承受激烈运动带来的负荷。如果你年纪小，而且很健康，在踢足球时引发心脏病致死的概率是非常非常小的。

而踢球时被闪电击中，又或是被掉落的球门横杆砸到头部的概率则会更小。

破碎的心脏

在极少数情况下,顶级足球运动员会有心脏问题。2003年国际足联联合会杯半决赛上,喀麦隆队中场马克-维维安·福在对阵哥伦比亚队时突然倒地,不治身亡。事后人们发现原来他患有一种心脏病,生前从未被检查出来。

因为他的离世,国际足联后来引入了许多安全措施,努力保证不会再有职业球员因未检查出来的心脏病而死。在顶级联赛开始前,所有球员都要检查心脏状况。大球场必须配备**心脏除颤器**,这个仪器可以用来救治心脏病突发的病人。除颤器通过电击患者胸部,让他们的心脏恢复正常心率。

这些新措施已经挽救了一条生命。

2012年英格兰足总杯上,博尔顿漫游者对阵托特纳姆热刺(简称热刺)。在比赛开始43分钟后,当时只有23岁的博尔顿队中场球员法布莱斯·姆安巴突然倒地,心脏停止跳动。这种症状被称为**心脏骤停**,意味着心脏停止向身体各个部位供血。

医疗人员迅速跑去救助姆安巴,对他进行心肺复苏(简称CPR),通过按压他的胸部,人为地让氧气向他全身输送。他们还使用了球场配备的心脏除颤器。姆安巴的心脏在78分钟后才重新正常跳动。安德鲁·迪纳是当时一位在现场的热刺球迷,同时他也是个医生,事故发生时,他立刻冲到球场上帮忙,随后姆安巴在他工作的伦敦胸腔医院进行了治疗。姆安巴事后感谢了迪纳。所有人,哪怕是热刺的球迷都对这一结果非常欣喜。

算术也能很有趣

在足球学校,我们还有另一些更安全的方法来了解数学。亚历克斯在学校念书时经常看足球比赛积分表,计算不同队伍的净胜球数,并因此产生了对数字的喜爱。

罗马尼亚国家队也深谙此理,他们更进一步,在和西班牙的一场友谊赛中,他们用球衣上的号码来展现数学的乐趣。当时每位球员的球衣背后都印着一道算式,算式的答案就是他们平常的球衣号码。平时穿 6 号球衣的球员就会穿 2+2+2,背上印着 46÷2 的球员在队里的号码就是 23,号码 14 则变成了 2×7。本的朋友,罗马尼亚足球协会主席勒兹万·布尔内说他们之所以这么做,是为了让孩子们以另一种方式感受数学的乐趣。勒兹万的想法是对的,因此他随时都能来足球学校教数学。

伊万趣事

1998年,智利前锋伊万·萨莫拉诺效力于国际米兰。当他把最喜爱的9号球衣号码让给队友——巴西球员罗纳尔多后,他还是想保留自己原来的号码。他似乎从罗马尼亚数学书上受到了启发,他选择了18号球衣但让球衣设计师在两个数字间加上"+",这样就变成 $1+8=9$ 了。伊万真是聪明!

☆☆☆ 优秀学员 档案

骨折数量:24
入院次数:312
每年石膏花费额:2500英镑
最喜欢的数字:999
出生地:美国普罗维登斯
支持球队:圣何塞地震足球俱乐部(美国)
最喜爱的球员:路易斯-博阿莫特(博阿莫特在葡萄牙语中是"善终"的意思)
特技:跳伞降落在球场上

斯昔凯·S.夺乐
★ 优秀学员
"去冒险吧!"

数学小测验

1. 根据课上提到的那项研究，以下哪种运动导致的死亡人数最多？
   a）游泳
   b）跑步
   c）马术
   d）乒乓球

2. 如果某件事情发生的概率是 4/20，那么我们也可以说它的概率是：
   a）1/3
   b）1/4
   c）1/5
   d）1/20

3. 为什么意大利前锋马里奥·巴洛特利要穿 45 号球衣？
   a）因为他每年要换 45 次发型
   b）因为他在成为职业球员后的第一个赛季进了 45 球
   c）因为他原本想穿 9 号球衣，4+5=9

   d）因为他出生于 1945 年

4. 当摩洛哥前锋希沙姆·泽罗阿里为苏格兰俱乐部阿伯丁效力时，他被允许穿几号球衣？
   a）0
   b）1
   c）1000
   d）无穷大

5. 在 2010 年一场球赛上，当克罗地亚后卫戈兰·图积克因心脏病发倒地后，裁判做了什么？
   a）给他做了人工呼吸
   b）给了他黄牌警告
   c）询问人群中是否有医生
   d）将他背离球场并挥手示意比赛继续

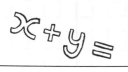

星期二　　　　　　　第一节　动物学

> 足球学校该有一个自己的吉祥物了。我们选一种最聪明的动物吧！

> 海豚！

> 哎呀，它们一直跳水，在足球场上会被当成假摔受判罚的。我们选最强壮的动物好了！

> 康壳郎可以拉动相当于自身1000倍重量的东西！

> 太臭了。要不选速度最快的动物？

> 好哇，猎豹！

> 不行，它的英文名跟"作弊"很像。那空中最厉害的动物呢？

> 老鹰！

> 就它了！我们的吉祥物是：海壳郎猎鹰！

够死亡了！在足球学校，我们其实更珍视一切生命的存在——尤其是动物。本有一只宠物狗，他们每天都一起在公园跑步。亚历克斯没有宠物，但他会像猴子一样挠自己的背。

在这堂课上，我们将会了解几支球队以及他们的动物吉祥物。球迷们认为这些动物可以代表他们支持的球队，并为球队带去好运。不过我们只对那些活生生的动物感兴趣，而不是那种由真人穿着巨大玩偶服的吉祥物。很多球队都选择用活着的动物作为自己的吉祥物。通过接下来的学习，你会发现这个选择可是相当冒险的。让我们出发吧！

山 羊

一只身披时髦红色披风的山羊正小跑进德国科隆足球俱乐部的球场。球迷们大声欢呼，纷纷拍照。这只迷人的哺乳动物就是科隆队的吉祥物——亨内斯八世，科隆队每次参加主场比赛，它都会在角旗旁的同一块草坪上观战。

亨内斯是德国最著名的山羊。事实上，它是德国唯一一只出名的山羊。

亨内斯是公山羊，也就是说它是雄性山羊（雌性山羊也叫母山羊）。在欧洲，农夫养山羊主要是为了挤山羊奶，山羊奶可以被加工成奶酪。但在非洲、亚洲和加勒比海地区，山羊肉可是一道特色菜——千万别让亨内斯知道!

在比赛期间,亨内斯会站在它的管理员英戈·雷普卡身边。管理员会用一根短短的小皮带拴住它。山羊大口嚼着胡萝卜和面包,甚至连草坪它都觉得美味。"偶尔它会吃草,唯一不喜欢吃的就是草坪上的白色标记。"雷普卡说。当边线裁判员跑过它的时候,亨内斯会有些局促不安。当球朝它这个方向滚来时,它也不会兴奋,因为它很害怕足球。

某一次,尼日利亚籍前锋安东尼·乌贾赫就因为亨内斯惹了祸。当时他刚为科隆进了一球,随后立刻冲向亨内斯并拽住了它的羊角。嗷!雷普卡不得不努力让这只公山羊平静下来。后来乌贾赫说:"我为自己鲁莽的庆祝行为,向亨内斯道歉。"

这只山羊之所以被叫作亨内斯八世,是因为它是科隆队第八只名为亨内斯的山羊吉祥物。据说这项传统是从1950年开始的,当年一个马戏团团长将一只公山羊送给了科隆俱乐部作为球队的幸运符。他们以当时科隆队教练亨内斯·魏斯魏勒的名字为那只山羊命名。

山羊的寿命大约只有15年,因此当亨内斯去世后,亨内斯二世就代替了它的位置。以此类推直到2008年，球迷们以网络投票的方式从四位候选者中，选出了亨内斯八世成为球队吉祥物。科隆队的历任山羊中最出名的是亨内斯七世。它甚至还出现在了电视节目上，其中有一次它在一部德国犯罪片中扮演被谋杀的死者。之前亨内斯常常和球员一起乘坐球队大巴东奔西跑，但让管理员单独将它带去比赛场地其实更加安全。亨内斯八世[①] 现在生活在科隆动物园的一间木屋中，它与自己最心爱的母山羊安娜丽丝一起共享这间屋子。这间木屋里有一个壁炉，里面装满了干草，墙壁上贴满了科隆队的旗帜和照片。

亨内斯成为吉祥物这个传统在球队变得非常受欢迎，如今它都出现在他们俱乐部的徽章上了。科隆队在德国也被人们称为公山羊队。

---

① 亨内斯八世已于2021年4月去世。

你在搞笑咩！

科隆不是历史上唯一一支选择有角动物作为吉祥物的球队。大约100年前，曼联也选了一只山羊作为吉祥物。1906年，一家名为本森斯的巡回剧院公司的负责人送给后卫查理·罗伯茨一只山羊，山羊的名字叫作比利。这件事的起因没人知道，但当时曼联的吉祥物是一只名为梅杰的狗，比利出现后就接管了它的职责。在每场比赛开始前，比利都会绕场一周。一些比赛结束后，比利甚至会和球员一起去到当地酒馆，喝点小酒庆祝胜利。

比利参加的最后一场比赛是1909年的英格兰足总杯决赛，当年曼联以1：0战胜了布里斯托城。赛后比利和曼联球员一起参加了庆功宴，但不久它就疑似因为酒精中毒过世了。据说是因为它喝了太多啤酒或香槟。此后曼联就再也没有用活着的动物当作吉祥物了。呃……！

猫头鹰怎么样？

比利的故事证明了当吉祥物可能也是个危险活。2011年一场哥伦比亚联赛最终以难看的结局收场，就是因为佩雷拉队后卫路易斯·莫雷诺被对方球迷指责在比赛期间"谋杀"了一只猫头鹰。

那只猫头鹰一直生活在球场屋顶,是巴兰基亚青年竞技队的吉祥物。它当时被足球击中,伤到了一条腿,正倒在球场上。莫雷诺显然急切地希望比赛继续,于是用左脚将猫头鹰踢向边界。球迷们冲他大喊"凶手"!兽医最终也无法拯救那只猫头鹰的生命。莫雷诺"向哥伦比亚全国"表示道歉,并在当地动物园上了一堂关于猫头鹰的课。他保证会每月来动物园做一次志愿活动。

许多猫头鹰的耳朵并不对称,耳朵的大小以及在头部的位置高低都不相同。

猫头鹰有三层眼皮:一层负责眨眼,一层负责睡觉,一层负责保持眼部的洁净与健康。

所有猫头鹰都会鸣叫,但是有些猫头鹰也会发出其他声响。谷仓猫头鹰会在害怕时发出嘶嘶声。

老鹰已降落

说起鸟类,你知道足球队最常见的动物吉祥物是老鹰吗?由于它卓越的攻击能力和华丽的外表,老鹰自古以来就是力量、优秀和勇气的象征。

老鹰是一种猛禽,也就是说它们会捕杀并吃下其他动物。它们通常会捕杀一些小型哺乳动物,例如兔子和老鼠,但它们还能杀掉狐狸和狼。老鹰行动的速度很快。它们的飞行速度最高可以达到每小时约88.5千米,俯冲速度可达每小时约160.9千米,这速度比汽车在高速公路上的行驶速度更快。它们的视力也不同凡响。我们的眼睛是朝前的,因此只能往前看,但是老鹰的眼睛是在头两侧,所以它们既可以看到前方,也能看到侧面,甚至(几乎)能看到它们身后。除此之外,它们的视力大概是我们的四倍,它们可以注意到距离自己约1.6千米远的地方有只兔子。这就是为什么当有些人观察力极强时,我们会称他们为"鹰眼"。

一位专家告诉我们,老鹰面部的鸟喙让它看上去威严无比。难怪有史以来老鹰一直被称为"天空之王"。

这是一支高质量队伍!

帝王之鹰

在古罗马时期,老鹰代表着权力、自由、智慧和高贵。古罗马军队的每一个军团都会有一个鹰旗,就相当于军队的吉祥物。失去**鹰旗**就代表着军队的失败。

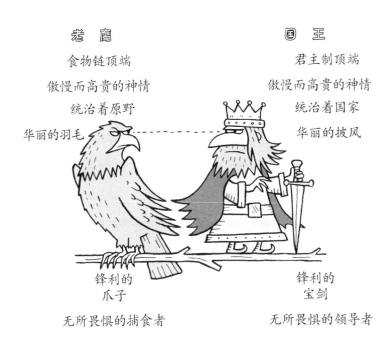

这就是为什么位于罗马的意大利球队拉齐奥会在队徽上设计一只老鹰,而且每次比赛前,他们都会在球场内放飞一只真正的老鹰绕场一周,那只老鹰的名字叫作奥林匹亚。"这只老鹰对我们非常重要,它代表着我们的历史。"拉齐奥主席克劳迪奥·洛蒂托这样解释道。奥林匹亚生活在俱乐部的训练场里,定期接受拉齐奥球迷和队员们的参观。

五大著名老鹰吉祥物

奥林匹亚（拉齐奥，意大利）

维克托里（本菲卡，葡萄牙）

塞莱斯特（美洲足球俱乐部，墨西哥）

凯拉（水晶宫，英格兰）

阿提拉（法兰克福，德国）

受古罗马影响，世界各地都逐渐将老鹰视为自由的象征。1782年，美国将仅发现于北美洲的秃鹰作为国鸟。如今一些美洲原住民还会将老鹰的羽毛加入头饰中，因为他们相信这些羽毛具有精神层面的重要性。

1904年，葡萄牙球队里斯本体育队（后来改名为本菲卡）是最早使用老鹰作为队徽的球队之一。其他队伍纷纷效仿。1973年，水晶宫领队马尔科姆·艾利森将俱乐部的外号从玻璃工人改为老鹰队，就是因为当时本菲卡是全欧洲顶级的球队之一。现在许多球队都被称为老鹰队。

五大著名老鹰队

黑鹰（贝西克塔斯，土耳其）

绿鹰（费伦茨瓦罗斯，匈牙利）

小鹰（比林，保加利亚）

紫鹰（阿格斯达斯亚，罗马尼亚）

小鹰（尼斯，法国）

老鹰凯拉

水晶宫队的外号一直被保留了下来，老鹰也随之成了这个俱乐部的吉祥物。老鹰在人工饲养的情况下，可以活到50岁。水晶宫目前的吉祥物凯拉才20多岁，所以它还有许多年的时间可以在赛前或中场时绕着球场飞行。凯拉出生于加拿大，但它在2010年来到了英格兰，并成了伦敦这支球队的吉祥物。

我们不遗余力地想要为你们找出最有趣的事实，因此我们联系了它的管理员——艾伦·艾姆斯。他说凯拉的翼展约有2米，拥有惊人的视力，不过你必须时时关注它：有时它会在对方球迷的头上落下屎状礼物。他告诉我们，当米尔沃尔的球迷冲它高唱"你只是一只鸽子！"时，它突然俯冲了下去，不过没能夺走任何一位球迷的猪肉馅饼。

艾姆斯说人群从来不会让凯拉紧张，可是强风却会。在某次比赛前，球场上方的一阵强风将凯拉吹走了，人们一时间不知道凯拉去了哪里。幸好它戴着一个追踪器，管理员可以很快找到它。

凯拉很喜欢和球迷见面，但它可能不清楚水晶宫的另外两个老鹰吉祥物是怎么回事。那两个吉祥物的名字是皮特和爱丽丝，是两个穿着老鹰玩偶服的成年人。"它觉得他们就是两个穿着漂亮裙子的傻子，它几乎总是无视他们，"艾姆斯说，"它知道它才是老大。"

凯拉发言

我们甚至采访了足球界最知名的老鹰。(我们不得不请它的管理员艾伦·艾姆斯当翻译,因为他告诉我们他会说"鹰语"。)

最喜欢的球员?

> 守门员,他没有丢下我。

最喜欢的乐队?

> 里昂王族,因为他们的专辑封面上有我。

你觉得人类怎么样?

> 太疯狂了,我每天只工作8分钟。

最喜欢的歌?

> 老鹰乐队的《老鹰》专辑。

☆☆☆ 优秀学员 档案

宠物数量:286

宠物的总腿数:1427(包括一只7条腿的蜘蛛萨米)

臂展:约1.5米

吹口哨时最高频率:46千赫兹

出生地:英格兰考斯

支持球队:沃尔夫斯堡(德国)

最喜爱的球员:克里斯·伊格尔斯

特技:球场杀手

动物学小测验

1. 以下哪种鸟类是猛禽?
   a) 鸡
   b) 火烈鸟
   c) 老鹰
   d) 知更鸟

2. 狗狗是以下哪种动物的后代?
   a) 狼
   b) 长毛猛犸象
   c) 兔子
   d) 狐狸

3. 下列选项中有三个国家的国旗上都有一只老鹰,第四个国家的国旗上则是另一种有翅膀的动物。请问第四个国家是哪个国家,以及它国旗上的动物是什么?
   a) 阿尔巴尼亚
   b) 墨西哥
   c) 威尔士
   d) 埃及

4. 加拿大多伦多足球俱乐部的吉祥物是一种飞行动物,它的名字叫什么?
   a) 鹰隼毕奇
   b) 游隼弗莱迪
   c) 公鸡缇克
   d) 独角兽斯多利

5. 以下哪支球队是因为19世纪时,该镇居民曾认为一只猴子是法国间谍,而将它吊死,最终获得外号"猴子杀手"?
   a) 斯坎索普联
   b) 哈特尔浦联
   c) 克鲁亚历山大
   d) 普利茅斯

星期二　　第二节　个人健康与社会教育

你是独生子女吗？你有没有兄弟姐妹？如果你有的话，那你是老大，老小，还是处在排行的中间？

是不是独生子女到底又和足球有什么关系？实际上关系可大了。

这堂课要说的是家庭对我们足球能力的影响。爸爸妈妈很重要，这是当然的——但兄弟姐妹也同样重要。其实你的出生顺序会影响你在足球上的成就高低。

最后一个问题：你的生日是什么时候？这对你的足球生涯同样非常重要。（而且我们想给你寄一张生日贺卡。）

哥哥姐姐造就成功

兄弟姐妹有时可能非常讨厌。但问题是：如果你想成为一名专业足球运动员，兄弟姐妹就非常有用。

这是因为你的兄弟姐妹们很可能会常常在家。当你想要踢球时，他们就是现成的队友，可以陪你一起踢。你踢球踢得越多，就会踢得越好。

以法国中场保罗·博格巴和他两个双胞胎哥哥——弗洛伦汀和马蒂亚斯为例。"我跟保罗说，他和自己的同龄人踢球就是浪费时间，所以他总跟我和马蒂亚斯踢球。"比保罗大两岁的哥哥弗洛伦汀说，"虽然和我们踢球对他来说很难，但这也造就了他的毅力。偶尔他会因为我们比他厉害，就哭着回家，但这帮助了他的进步。"

马蒂亚斯补充道:"保罗作为最小的孩子,想要变得和我们一样……我们告诉他:'来和我们一起踢球,这样你会进步得更快,就能变得更强。'你看他现在的发展,就说明我们的做法成功了。"最终保罗踢得比两个哥哥更好,并且成了法国队最重要的球员之一。弗洛伦汀和马蒂亚斯如今为非洲国家几内亚效力,那是他们父亲出生的国度。

小捣蛋鬼

和保罗·博格巴的例子一样,拥有哥哥姐姐通常是件很有帮助的事情,因为你会被迫变得和他们一样强。世界上很多优秀的前锋都有哥哥或姐姐。

球员	哥哥或姐姐
加雷思·贝尔(威尔士)	维琪
哈里·凯恩(英格兰)	查理
玛塔(巴西)	安琪拉、瓦尔迪尔和何塞
利昂内尔·梅西(阿根廷)	罗德里戈和马蒂亚斯
路易斯·苏亚雷斯(乌拉圭)	保罗、乔凡娜和莱缇莎

弟弟妹妹在体育运动方面会比哥哥姐姐表现更好,科学家们已经研究过这个现象了。在伦敦圣乔治医院工作的迈克尔·帕金医生是儿童健康领域的专家。他以参加英格兰某场联赛的球员为样本,统计不同的家庭里球员的排行分别占比多少。他发现,在所有参与调查的足球运动员中,46%的球员都是家里最小的孩子,这个比例已经接近一半了。

其他运动项目研究表明,排行最小的孩子和最大的孩子在竞技时会采用不同的方式。例如,一项研究发现,较为年长的孩子在打棒球时会更有责任感,不太会冒险,而在家里最小的孩子就会在比赛时更愿意冒险。

如果你是守门员,冒险并不是个优点,但如果你在球场上扮演向前突破的角色,冒险就会变得很有用。有时冒险能带来绝佳的进球。

帕金医生还有另一项发现,他说球员在家中排行的位置不同,兄弟姐妹数量的平均值也会有所不同。

平均来看,如果你只有一个兄弟姐妹,你就更有可能是守门员。总体说来,前锋会比后卫有更多兄弟姐妹。

不过这个结论也不是每次都正确。法国队前队长帕特里斯·埃弗拉有24个（对，24个）兄弟姐妹。可他却是个后卫。想象一下每天早上他在家里刷牙的场景……

先天条件对阵后天培养

如上所述，哥哥和姐姐能助力你的足球生涯。然而，最重要的还是你的爸爸妈妈。不管你喜不喜欢，他们总会在两方面对你产生影响。

1. 先天条件

我们身体的每个细胞中都存储着一连串的信息，也就是我们的基因。基因决定着我们的外貌，甚至某种程度上会决定我们的行为。我们的基因是父母基因的混合。这就是为什么我们通常会和他们长得很像,而且有些相同特征。如果你父母的头发都是亮红色的,那么很可能你的头发也是这个颜色。又如果他们都很擅长体育运动,那你可能也会在这方面有天赋。

> 他是个天生的守门员!

2. 后天培养

从小到大的成长环境以及你所接受的养育方式都会对你产生重要影响。如果你从小就做很多运动,而且会花大量时间练习,那你就更有可能成为一名职业运动员。

因此是先天和后天的共同作用造就了如今的我们。

足球世家

如果你的父母中有一位(或者两位)足球运动员,你就同时具备了先天和后天的优势:运动基因以及重视足球的家庭氛围。一些职业球员的孩子也成了职业球员。但是这样的足球家庭是很罕见的。1982年到2014年间,英格兰8次入围世界杯,参赛球员共有125位,其中只有4位球员的父亲也曾经是英格兰的球员。这个比例连4%都不到。

球员	父亲
亚历克斯·奥克斯拉德-张伯伦	马克·张伯伦
马克·哈特利	托尼·哈特利
小弗兰克·兰帕德	老弗兰克·兰帕德
肖恩·赖特·菲利普斯	伊恩·赖特

英超有一些（但不多）顶级球员是来自于足球世家。

球员	亲戚
埃尼奥拉·阿鲁科	索尼·阿鲁科（弟弟）
娜塔莎·道伊	伊恩·道伊（叔叔）
丹妮尔·希尔	马克·哈特利（叔叔）

所以哪怕你的父母和家族成员都不是专业运动员，也请不要丢弃你的足球梦。因为几乎没有人有那样的条件。

妈妈，要练多少次？

不管你的家庭能给予你多少，成为优秀球员的关键还是在于持之以恒的练习。你练习得越多，就会变得越强，但是究竟要练多少才够呢？有人声称无论你学什么，只要花10 000小时练习，你就会成为这方面的专家。这真的是需要很长时间。如果你每天都花12小时练习任意球，你在不做其他任何事的情况下，一共需要两年零三个月的时间才能达到10 000小时。虽然你不会有任何朋友，而且你的生活会非常单调,但你将会精通任意球。

这里还有另一些"10 000 小时定律"适用的工作:

生日快乐,生日不快乐

比利时中场埃登·阿扎尔拥有一个足球运动员的理想童年。他同时具备了先天条件和后天培养两项优势。他的爸爸蒂埃里和妈妈卡琳都是足球运动员。而且在他比利时家的花园后面就有一个球场,他日复一日在那里练习球技(但谁知道这是不是为了完成 10 000 小时呢)!在成为职业球员的道路上,阿扎尔还有一个助力因素:他的生日是 1 月 7 日。

日期之所以这么重要,是因为如果你出生的月份较大,就可以早上学,并成为班里的大孩子,也就更有可能以青少年球员的身份获得成功。在阿扎尔出生的时候,比利时同一学年孩子上学

---

① 《了不起的大盗奶奶》是由英国作家大卫·威廉姆斯所著的经典儿童文学畅销书。

的时间线是1月1日。这就意味着该学年最大的学生是在1月出生，最小的学生则是12月出生（英格兰有所不同——时间线是9月1日，所以同一届最大的学生是前一年9月出生，最小的学生是当年8月出生）。

在学校里，由于年龄较大的孩子有更多的时间成长，所以通常会比年龄小的同学块头更大，速度更快，身体更强壮。而如果你比别人更壮、更快、更强的话，你就更有可能被校队选中，这将进一步帮助你提升，所以你也会有更高的概率被选入足球俱乐部的青训营。这就叫作**相对年龄效应**。

这个现象就可以帮我们来解释下面这个奇怪的事实：在学年时间线上出生较早的孩子会霸占顶级俱乐部青训营的名额。在一个赛季中，57%的甲级联队青训营的成员都出生在9月到12月。只有14%的成员是出生于5月到8月。"5月到8月出生的孩子都去哪儿了？"时任英格兰足球总会国家发展领队尼克·莱维特这样说道，"最简单的解释就是，因为我们渴望选出更壮、更强、更快的选手，所以我们这些大人把那些孩子投出局了。"

> **出生于1月1日的球员**
> 罗伯托·里维利诺（巴西）
> 达沃·苏克（克罗地亚）
> 利利安·图拉姆（法国）
> 杰克·威尔希尔（英格兰）
> 史蒂文·戴维斯（北爱尔兰）

但对于那些在学年时间线上出生较早的孩子来说，这也不全

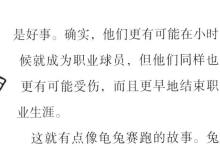

是好事。确实,他们更有可能在小时候就成为职业球员,但他们同样也更有可能受伤,而且更早地结束职业生涯。

这就有点像龟兔赛跑的故事。兔子早早地冲到了前面,但最后却是缓慢前行的乌龟抵达了终点。在学年时间线上出生较晚的孩子一般会更晚加入足球俱乐部,但通常他们的职业生涯是最长的。

青训营年龄

那些足球俱乐部最近才开始意识到,他们应该要确保所有学龄青少年都有同等的机会进队,而不仅仅只选那些早出生的孩子。在学年时间线上出生较晚的球员通常会是选拔的"漏网之鱼",这对那些孩子和对俱乐部来说都很可惜。

为了应对这一问题,荷兰的阿贾克斯俱乐部引入了一种新制度。他们的青训营并没有将孩子按照8岁以下、9岁以下和10岁以下分类。相应地,他们选择了三个更宽泛的年龄组:6—11、12—15和16—19。这种分类意味着,即便是那些出生月份较早的孩子,有时也会和年龄更大的球员一起踢球。每位球员都会有不同的经历:有时他会是这个年龄组年纪最大的孩子,有时又会是组里年龄最小的孩子。人们希望这样的制度可以消除相对年龄效应的影响。

顶级联赛队伍也开始注意到这件事,如今他们在设计一些选拔青少年队员的比赛时,依据的并不是选手的年龄,而是他们的生理成熟度。这也正是我们足球学校所坚信的,年龄大小和高矮胖瘦都不会影响你做任何事,只要你是优秀的,那你就是优秀的!

☆ 优秀学员 档案

兄弟姐妹数:17

年龄差:120 秒

雀斑数(格雷威):300

雀斑数(纳威):301

出生地:印度孟买

支持球队:马瑟韦尔(苏格兰)

最喜爱的球员:阿什利·杨格

特技:从不忘记过生日

个人健康与社会教育小测验

1. 法国中场保罗·博格巴的两个双胞胎哥哥——弗洛伦汀和马蒂亚斯目前在为哪个国家队效力?
   a) 法国
   b) 几内亚
   c) 科特迪瓦
   d) 澳大利亚

2. 要想玩"幸福家庭"这个游戏,你需要:
   a) 一副特殊的纸牌
   b) 一个曾祖母
   c) 一个足球
   d) 一块空地

3. 对冰岛替补队员阿诺·古德约翰森来说,1996年对阵爱沙尼亚的那场比赛有什么特殊之处?
   a) 他怀孕的妻子在看台上
   b) 他的儿子埃杜尔替换了他
   c) 赛前他在球场上结了婚
   d) 他的姐姐是助理教练

4. 托尼·维迪加尔、路易斯·维迪加尔和贝托·维迪加尔都在1993年为葡萄牙埃尔瓦什足球队效力,担任中场位置,请问他们三人有什么特殊关系?
   a) 他们的姓都相同,但他们没有任何亲戚关系
   b) 他们是堂兄弟,而且他们的叔叔维克托是教练
   c) 他们是亲兄弟
   d) 在同一赛季,还有三位维迪加尔为埃尔瓦什当地的女子足球队效力

5. 亚历克斯正在看一个男人的照片,说:"兄弟姐妹我都没有,但这男人的父亲是我父亲的儿子。"照片中的男人是谁?
   a) 亚历克斯的儿子
   b) 亚历克斯
   c) 亚历克斯的父亲
   d) 本

星期二　　　　　　　第三节＋第四节 历史

据我们所知,足球发展至今只有约150年的历史,对历史学家来说,它是非常近期的发明。但在足球正式出现的几千年前,世界各地的人们都在玩着其他类型的球类运动。

这堂课我们将穿越时空,去看看三种古老的球类运动,它们分别来自中国、日本和中美洲。我们将会看到这些运动是如何与现代足球产生联系的。

但我们不鼓励大家在足球学校里进行这些运动,因为根据这些运动的规则,我们得给输的那队球员脸上涂上白色的粉,当众鞭打他们,或是把他们送上刑场。这样教室会被弄脏的!

蹴 鞠

地点：中国

时间：源于齐国，流传2300多年

球：外形是球状，最初由皮革缝制而成，里面由兽毛或羽毛填充，但后来球内改为由空气填充，就更像今天的足球了。

球门：有时是月牙形，有时是用两根竹子作为球门立柱，撑拉着一大块布，布的上面有个洞。

规则：对阵双方面对面比拼，每队最多有16名球员，每队后方各有一个球门。球员在比赛中不可以用手。

球衣：长袍

球员：一开始只有军队里的士兵能成为球员，这是因为他们会花大量的时间骑马，为了促进腿部血液循环，他们就会进行蹴鞠。后来这项运动传播到了市民阶层和皇室中间，女性也可以

玩。随着时间推移，最好的球员也可以为专业球队效力，以职业蹴鞠运动员的身份谋生。

比赛时间： 在皇室庆典或外交场合上

胜者奖励： 银碗或是锦缎

败者惩罚： 可能会在脸上涂满白色的粉，并被当众鞭打

著名球员： 汉武帝

衍生运动： 还有一种类型的蹴鞠也很受欢迎，那种蹴鞠并没有球门，但队员需要相互传球，一旦犯错就会受到惩罚。球员可以使用身体任何部位传球，但不能用手。

蹴鞠和足球有什么相似之处？ 蹴鞠是一种两队竞技的球类游戏，目标是要比对手进更多球。它非常流行，也有专业球队和著名球员。

当时还发生了什么事？ 蹴鞠诞生的时期，中国正由战国时代的四分五裂迈向统一，也就是由一位君主统治整个国家。这位新皇帝为了能够抵御北方的部落，开始建造一道高大连绵的城墙，也就是我们现在熟知的长城。

古老的中国人发明了许多东西，例如纸、钢、瓷器和火药。除了蹴鞠，在很久之前，中国有世界上最先进的文明。

日式蹴鞠

地点：日本

时间：公元 600 年到 1900 年

球：中空、球状，由鹿皮制成

球场：方形场地，四个角各有一棵树标定界线。正因如此，这项运动又被称为"立于树中"。通常那四棵树是：松树、樱树、柳树和枫树。

目标：日式蹴鞠就像以团队形式进行的颠球比赛。当球员之间相互传球时，他们要在球不落地的情况下，尽可能多地将球踢向空中。

规则：球员可以用上半身将球传到脚上或腿上，也可以利用树将球反弹回来。

球衣：正式的日式服饰，有着宽大的袖子和无边的帽子。袜子的颜色是根据排名和技术能力来决定的。

球员：武士和皇室成员

语言：当球员将球踢向自己的时候，他会大喊"阿里""呀""噢"，他们认为这是住在树中的神明的名字。

位置：通常比赛会有 6 到 8 名选手参加，围圈而站。最优秀的 4 名球员会分别站在一棵树的前面。

比赛：球员根据排名依次走进球场，排名最高者最先进入场地。所有球员都有机会进行一次试踢来熟悉球。当排名最高的球员开球后，比赛就开始了。比赛结束则是由同一位资深球员将球踢向高空，再用和服将球接住。

比赛时间长度：通常是 15 分钟。不过据古籍记载，一位天皇和他的蹴鞠队曾让球在空中、维持超过 1000 次颠球。

现在还有人玩吗？是的。一些日本人保留下了这项传统。1992 年，美国前总统乔治·H.W. 布什正式访问日本时曾踢过这种蹴鞠。

日式蹴鞠和足球有什么相似之处？日式蹴鞠是一项踢球运动，与现在足球运动员进行的技术训练几乎一模一样。

当时还发生了什么事？在大约 1100 年到 1600 年间，日本是由武士阶层所统治的，武士也可用"侍（samurai）"表示。这些凶猛的战士身穿独特的盔甲，他们的兵刃、高度自律和对荣誉的追求都非常出名。而武士极高的忠诚度和责任感也逐渐成了日本文化的一部分。

在17世纪30年代,日本的军队领导人禁止所有外国人进入日本,也禁止所有日本人离开本国。在随后的两百年中,日本几乎完全与世隔绝。在那期间,日式蹴鞠始终流行于日本社会,将生鱼片置于小块米饭上的寿司也是在那时被发明出来的。另外,诸如木偶剧之类的活动以及俳句也都蓬勃发展着。

俳句这种短诗一共有三行,首行和尾行都只有五个音节(重音),第二行则有七个音。通常俳句描述的是对生活或自然的观察,这里的两首俳句是我们两个创作的,描写的是我们最喜爱的科目。

足 球

一切皆有趣
足球学校乐欢愉
而后哨声响

无人爱足球
比本书作者更甚
或许唯有你

蹴　球

地点： 中美洲（包括墨西哥、危地马拉、伯利兹、洪都拉斯、尼加拉瓜、萨尔瓦多和哥斯达黎加）

时间： 公元前1500年到公元1500年

球员： 欧梅克人、玛雅人和阿兹特克人等

球： 超有弹性！中美洲人是全世界最早发现如何制造橡胶的，橡胶的原料是乳胶（一种从树中提取的胶质物）。蹴球使用的球由硬橡胶制成，很可能比篮球更大更重。

球场： 蹴球的球场比足球场窄一些，有时候形状看起来就像英文字母I。场地的左右两边通常会有倾斜的石墙。研究文明遗迹的考古学家们发现了超过1500个球场。各个球场大小不一，有的比网球场还小，有的则有一整个足球场那么大。

球门： 大多数球场都没有球门，但是在玛雅文明末期，人们开始在两侧石墙上分别放置一个石环。看起来似乎是想让球通过那个圆环，不过这个大概很难做到。

规则：如今没有人知道这项运动的规则是什么，在3000多年的时间长河中，它很可能已经改变了很多。最有可能的一种理论是，对阵双方面对面站立，只能用屁股将双方中间的球弹起。

球衣：从那个年代的画和雕像看来，基本的球衣是由一块缠腰布和屁帘组成。不过还有许多其他装备：头盔、头饰、护胸、护腿和手套。

危险：蹴球非常重，历史学家认为球员会经常受伤。如果球砸中球员的嘴巴或肚子，一些球员可能会重伤不治。

目的：这项运动是一个重要的仪式，有时也会成为解决争端的方式。

玛雅文明的圣书叫《波波尔·乌》。那本书讲述了世界是如何创立的。核心故事正是围绕一场蹴球比赛展开。主角是两位英雄，他们是一对双胞胎，分别叫乌纳普和斯巴兰克。故事中的恶魔——地下世界的统领，向双胞胎发起挑战，要进行一场球赛。乌纳普和斯巴兰克在地下世界历经了许多惊心动魄的历险，其中有一次乌纳普的头被球棒打掉了，并被当成球使用（一只乌龟又给他造了个新头）。不过最终他们还是战胜了那位邪恶的统领。当他们重新回到现实世界，这对双胞胎升到了天上，分别成了太阳和月亮。

胜者奖励：享用盛宴。

败者惩罚：他们的头会被砍掉。有些历史学家说，他们的头骨会被用来当作新球的基底。

现在还有人玩吗？是的。乌里玛这种运动就是从蹴球演变而来，现在墨西哥一些地区还会有人参加这种运动。

蹴球和足球有什么相似之处？蹴球是一种两队对抗的球类运动，队员不可以用手。它非常受欢迎，而且在文化层面很重要。人们建造了巨大的球场来参与和观赏这项运动。

> 现在拿球的是伊兹卡里，他一直非常喜欢足球。

当时还发生了什么事？巧克力！巧克力最主要的原材料可可豆原产于美洲，中美洲各地都会使用可可豆来制造饮料。它的味道和我们今天吃的巧克力的味道非常不同，因为玛雅人和阿兹特克人那时并没有糖。相反，他们将磨碎的可可豆和水、辣椒，还有玉米面混在一起。那味道……呃！

☆ 优秀学员 档案

年龄：2578 岁

花园中橡胶树的数量：1

头饰收藏量：14

通过石环的进球数：1

出生地：英格兰奥尔德姆

支持球队：纽维尔老男孩（阿根廷）

最喜欢的球场：阿兹台克球场

特技：用屁股射球

历史小测验

1. 古代中国人在边界建造了什么，绵延万里之长？

   a）一条跑道
   b）一座城墙
   c）一条滑索
   d）一个足球场

2. 玛雅人过去曾生活在以下哪个国家所在的区域？

   a）格陵兰岛
   b）大不列颠
   c）危地马拉
   d）日本

3. 日本武士刀的特殊之处是什么？

   a）它是直的
   b）它有两个刀片
   c）它有一个长长的刀柄，可以让人两只手同时握住
   d）它是由金子打造的

4. 以下哪种东西不是中国人发明的？

   a）牙膏
   b）印刷术
   c）丝绸
   d）指南针

5. 欧梅克文明是中美洲第一个主要的文明，请问欧梅克这个名字是什么意思？

   a）橡胶人
   b）凶猛的人
   c）球人
   d）被选择的人

球人 →

星期二

第五节 心理学

点球得分应该是很容易的。你只需要把球放在距离球门几米远的白点上,然后踢球射门,只有守门员能够防守你。

但是点球可没那么容易。

世界上最著名的一些球员,包括亚历克斯的朋友贝利在内,都曾经在重要的点球上失误过。阿根廷中场迭戈·马拉多纳是有史以来最优秀的足球运动员之一,但他曾有一次连续丢了5个点球!

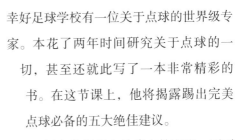

幸好足球学校有一位关于点球的世界级专家。本花了两年时间研究关于点球的一切,甚至还就此写了一本非常精彩的书。在这节课上,他将揭露踢出完美点球必备的五大绝佳建议。

好在我们现在是待在教室里,而不是在外面的球场上,因为在踢点球时,你全身最重要的部位并不是你的脚,而是你的大脑,这一点非常重要。

即时知识

点球发生的条件:

1. 裁判认为球员在禁区犯规或是故意用手触球。
2. 在淘汰赛用完加时的情况下,如果双方仍是平局,就会进入点球大战,每支队伍可以踢五轮点球,得分最高的队伍获胜。

本的建议之完美点球

想象你即将在一个座无虚席的球场中,当着所有球迷的面踢点球。按照本的这些绝佳建议去做吧,你就能学会如何在心理上获得最佳状态。

本的第一条建议
积极起来

仔细看下面这句话:我希望你放空大脑,不要去想大象。

绝对不要去想大象。

尤其是穿着芭蕾舞短裙的粉色大象。

准备好了吗?我敢打赌你现在一定正在想穿着芭蕾舞短裙的粉色大象。

你之所以会有这样的想法,是因为人类一旦听别人提起了某样东西,就无法不去想那样东西。我们就是无法做到不去想!

同样,如果你马上就要踢点球了,你就不应该这样暗示自己:我一定不能丢球,我一定不能丢球。因为想不要丢球跟想丢球其实是一样的。

你也不愿意去想关于丢球的事情,因为通常这样你就更有可能会丢球。当你踢点球的时候,你应该想的其实是得分。

为了不让你满脑子都是丢球的念头,你要非常专注于自己正在做的事情——例如,数自己助跑的步数,然后想着:我会得分。

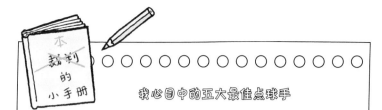

我心目中的五大最佳点球手

1. 马修·勒蒂西埃（英格兰）

在他职业生涯的 48 个点球中，他踢进了 47 个。

2. 盖兹卡·门迭塔（西班牙）

永远等待守门员先动——然后朝另一个方向进攻。

3. 安东尼·帕内恩卡（捷克共和国）

他发明了一种踢点球的技巧，球会先缓慢呈抛物线状前进，然后落在球门正中——现在这个技巧以他的名字"帕内恩卡"命名。

4. 布兰蒂·查斯丹（美国）

在 1999 年女足世界杯决赛上，她踢进了最后一个点球，帮助队伍获得胜利。

5. 齐内丁·齐达内（法国）

他通常都会朝自己的右侧踢——但因为他实在踢得太准了，所以那个球几乎无法被拦住。

本的第二条建议

慢慢来

在点球史上，英格兰队有两项世界纪录：

1. 英格兰队在点球大战中丢的点球数，比其他任何一个国家队都多。

2. 裁判吹哨后，英格兰队的球员踢点球的平均时间比其他国家球员都短。

你觉得这两项纪录之间有什么联系吗？当然有了！着急做事就有可能犯错，无论是在生活中，还是在球场上。

所以我的建议是：当裁判吹哨，请冷静。**不要着急**。多深呼吸一次。让自己镇定下来。确保准备好了，再踢点球。

本的第三条建议

拥抱你的队友（哪怕他们丢了球）

团队精神对保持积极状态特别重要。无论顺境逆境，你都需要感受到团队精神。事实上，你会在事情发展不好时更需要它。

所以如果某个队员丢了球，不要对他发火。走向他，给他个拥抱，然后对他说些好话。

相信我：一个队伍如果会一起庆祝得分，而且会拥抱在点球大战时丢球的队友，这个队伍就更有可能获得点球大战的胜利。

如果队员知道哪怕自己丢了球，依然会被队友喜爱，那么他就不会那么恐惧丢球，也就更有可能得分。

本的第四条建议
和守门员保持眼神交流

一旦球被放在了点球的位置上,你需要标记出自己的助跑路线。你有两个选择,要么自己向后退,同时用眼睛盯着球门和守门员,要么背对守门员往回走,然后再转身面向球。

大多数英格兰球员会背对守门员往回走,这样就能避免和守门员眼神接触。结果我们都知道,大部分英格兰球员都丢球了!

一些心理学家认为,躲避眼神接触流露出的是害怕,这就给了守门员一项优势。相应的,更好的做法是直面挑战。**保持眼神交流**。让你的对手认为你很自信。这样他们就会开始担忧!

本的第五条建议
刻意练习

2012年欧洲杯,英格兰在点球大战中输给了意大利,当时英格兰队的教练罗伊·霍奇森说赛前练习点球完全没用:"你无法复制那种压力,也无法复制那种紧张的状态。"前几任英格兰队的教练也说过类似的话。

他们是对的。你无法做到。

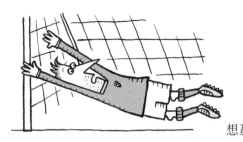

但其他大部分运动都是这样：无论是想获得温布尔登网球锦标赛胜利的网球运动员，还是想赢取莱德杯的高尔夫球手，又或是想在环法自行车赛中翻越山坡的自行车手，他们都无法一模一样地复制出比赛场景。但那些运动员仍然在不断地练习，不是吗？

其实网球运动员、高尔夫球手和自行车手都曾对我说过这样一件事：他们会刻意练习。也就是说，哪怕实际情况不一样，他们也会假装自己所处的环境和大赛时一模一样。他们会尽可能地复制出所有场景。自行车手不可能在平坦的道路上练习爬坡对吧，所以他们就会找到一座山坡然后开始练习！他们会让练习变成竞赛，胜者有奖励，败者有惩罚。

这才是球员练习点球的方法——刻意。这意味着你要在每次训练到疲惫时练习点球，也意味着你要训练在点球大战时，从中圈走到点球位置的那段路程。同时你要等待裁判吹哨，想象全世界的目光都在你身上。

无论做什么事，做好准备就会增加成功的概率。

踢点球也是一样！

事实上我们认为，应对生活中的困难场景，和应对点球时使用的方法是一样的。

当你遇到任何重大挑战时,就用这份简易总结版的《本之五条建议》来帮助自己吧。

它们既然可以应用于球场上的点球,为什么不能应用在球场以外的地方呢?

1. 专注
2. 不要着急
3. 互相帮助
4. 直视挑战
5. 做好准备

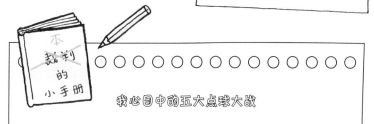

我心目中的五大点球大战

联邦德国对阵法国 5∶4（1982 年世界杯半决赛）

第一场世界杯点球大战,也是第一场现场直播的点球大战。

巴西对阵意大利 3∶2（1994 年世界杯决赛）

当时世界上最优秀的球员罗伯托·巴乔丢了最后一个点球,最终意大利队输了比赛。

KK 宫殿队对阵公民队 17∶16（2005 年纳米比亚杯决赛）

本场比赛创造了一个世界纪录,双方共踢了 48 轮才结束这场点球大战。

利物浦对阵 AC 米兰 3∶2（2005 年欧洲冠军联赛决赛）

"红军"守门员耶日·杜德克通过挥动手臂来阻挡对方的进球。

荷兰青年队对阵英格兰青年队 13∶12（2007 年欧洲 21 岁以下足球锦标赛）

荷兰队的身体语言专家告诉球员们要给予积极信号。

12 码

评论员通常会说点球位置到球门的距离是 12 码。码是一种古老的长度单位,如今似乎只有在谈论体育运动中的距离时会使用它。

1 英尺①由 12 英寸②组成,而 3 英尺就是 1 码。所以点球的罚球点距离球门有 36 英尺远,或者说是 432 英寸远。

现在我们习惯用单位米来衡量距离。12 码就相当于 10.97 米,几乎就是 11 米了。

罚球点球在德语中对应词是"elfmeter",意思就是"11 米",因为"elf"在德语中代表 11。虽然"elf"在英语中是小精灵的意思,但德语中的"elfmeter"可并不是在丈量圣诞老人的那些小帮手!

---

① 1 英尺 = 0.3048 米。
② 1 英寸 = 2.54 厘米。

☆ 优秀学员

"注意了!"

☆ 优秀学员 档案

每场比赛的积极想法数:86
助跑时步数:11
点球前的等待时长:5.6 秒
平均点球速度:大约每小时 93.3 千米
出生地:英格兰布伦特里
支持球队:佩纳菲耶尔(葡萄牙)
最喜爱的球员:汤姆·克莱维利
特技:无人能看出他究竟会朝哪个方向射门

心理学小测验

1. 能够让球缓慢前进、落入球门中央的点球技术被叫作什么?
   a) 齐达内式点球
   b) 帕内恩卡式点球
   c) 不幸式点球
   d) 勒蒂西埃式点球

2. 在点球大战中,如果两队都已踢完五轮罚球,但依旧得分相同,那么该怎么办?
   a) 由双方教练踢点球
   b) 他们继续踢,直到一队丢分,而另一队得分
   c) 队长用石头剪刀布决胜负
   d) 他们扔硬币决胜负

3. 在1999年美洲杯阿根廷对阵哥伦比亚的比赛中,阿根廷球员马丁·帕勒莫有什么特殊表现?
   a) 他踢中了三个点球
   b) 他丢了三个点球
   c) 他踢中了一个点球并且守住了一个点球
   d) 他在一次点球中踢坏了球门的横杆

4. 2004年欧洲杯法国对阵英格兰的比赛中,法国队中场齐内丁·齐达内在点球得分前做了什么?
   a) 他亲吻了裁判
   b) 他唱了法国国歌《马赛曲》
   c) 他在罚球区的边缘呕吐了
   d) 他和本队所有队员握手,希望能获得好运

5. 亚历克斯·莫洛杰茨基为什么会在点球界很出名?
   a) 他训练出了能踢中点球的大象
   b) 他曾经用头踢中了点球
   c) 他可以在蒙住双眼的情况下守住点球
   d) 他发明了一种技巧,哪怕没有对准目标,踢出的球也可以转向射进球门

星期三　第一节 + 第二节　设计技术

① right 在英文中有两种意思：1. 右边的；2. 正确的。所以亚历克斯说的这句笑话也可以解释为"因为它们都认为自己是正确的"。

在上节课中我们忘记说了,踢点球时其实还有另一个重要因素。这个因素其实对比赛的方方面面都很重要。如果你想踢得好,那你得有一双好的足球鞋。

请想象一下,你现在正穿着一双过脚踝的靴子踢足球。由于它比你平时穿的足球鞋重,所以你会跑得更慢,而且得用更多力气。这样可不好!但是直到 20 世纪 50 年代,足球鞋却都是这个模样。

如今的鞋子制造商们会仔细思考足球鞋的设计以及所用的材料。在这堂课上,我们将会学到足球鞋的设计是如何变迁的。不过我们首先要来看看,正确的足球鞋究竟对比赛有多重要。

人见人爱的鞋钉

1954 年在瑞士伯尔尼进行的世界杯决赛上,夺冠大热门匈牙利队对阵联邦德国队。然而号称"无敌马扎尔人"的匈牙利队最终以 3∶2 的比分输掉了比赛,拱手让德国队获得了他们第一座世界杯奖杯。许多评论员说,德国队获胜靠的是嵌有旋转式鞋钉的足球鞋。比赛当日雨下得很大,球场上泥泞不堪,由于德国球员能在足球鞋底旋转安装大大的鞋钉,所以他们在湿滑的草坪上获得了优势。在那场比赛后,足球界所有人都意识到了正确的足球鞋是多么重要。

一段足球鞋的历史

16 世纪:

国王亨利八世拥有世界上第一双专为踢足球设计的鞋子。我们之所以会知道这件事,是因为这双鞋被记录在了一份宫廷档案中。档案表明,国王的私人鞋匠——康奈利·约翰逊在 1526 年为他制作了这双鞋。历史学家认为这双鞋大约过脚踝,由又厚又硬的皮革制成,比一般的短靴更重。都铎王朝时期的足球和我们今天踢的足球可不一样,那个时候的足球赛更像一种有组织的打斗,常常会导致骚乱。在球场外,亨利八世可是相当冷酷无情的:他一共有六位妻子,其中两位妻子的头都被他下令砍掉了。所以同情一下那些在球赛时挡他道的人吧。

1850 年—1900 年:

出现了第一双专为现代足球赛设计的足球鞋,它由厚厚的皮革制成,附有皮制鞋钉抓地。那双鞋很重,而且鞋子湿了后会是平时的两倍重。

1900 年—1950 年:

诸如英国的高乐、德国的大黄蜂等著名的鞋子制造商出现了。德国一家名为达斯勒兄弟的大公司首先引入了可被替换的鞋钉,这种鞋钉可以根据天气好坏进行更换。后来这家公司分裂成了另外两家大公司。

20世纪50年代：

巴西设计师去除了足球鞋脚踝的部分。1950年世界杯上,英国前锋斯坦利·马休斯看到了巴西队的表现,便买了一双他们的足球鞋。回到英国后,他让赫克蒙德怀克鞋厂和鞋子工厂生产同样的足球鞋。这种低帮设计使得鞋子更轻,让球员能够跑得更快。

1960年—1970年：

皮革被橡胶等更轻便的材料替代了。1970年,英国中场阿兰·鲍尔是世界上第一位穿着白色足球鞋的球员。为了让他这样做,大黄蜂公司给了他2000英镑的酬劳。但因为找不到一双合适的大黄蜂鞋,市场主管便将鲍尔的那双阿迪达斯球鞋涂成了白色,然后加上V形线条,使它看上去像一双大黄蜂的鞋。

20世纪80年代：

前利物浦中场克雷格·约翰斯顿为了让那些跟他训练的孩子能更好地控球,设计了一种新足球鞋——阿迪达斯猎鹰,鞋子上的橡胶鞋翼可以帮助控球。猎鹰系列今天仍然有很多人穿。其他鞋子设计师纷纷效仿约翰斯顿的设计。

2000年至今：

近年来新技术的出现启发了大量稀奇古怪的鞋子,例如没有鞋带的足球鞋,或是由鲨鱼皮制成的足球鞋,或是鞋底有洞——像鱼鳃一样的鞋子。

材料世界

我们对足球鞋的要求很多。它们得要舒服,这样球员才能穿得舒适。它们得要牢固,这样才能保护球员的双脚。它们得要耐磨,这样才不会在比赛中途裂成两半。而且它们还得要轻便,这样才不会增加球员的负担。

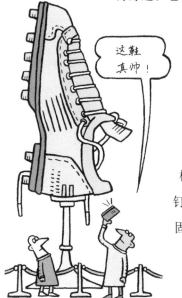

这鞋真帅!

对于一双鞋来说,最难的部分就是鞋钉。鞋钉的任务是穿透草坪,这样你就可以抓地而不会滑倒。所以鞋钉的材料必须不能弯曲,还要坚硬牢固。鞋钉一般是由较轻的金属制成,例如**铝**,又或是某种坚固的**塑料**,也可能是两种材料的混合。

足球鞋的鞋底需要够硬,来将鞋钉固定在原位,同时它又必须要有足够的弹性,这样当你跑动的时候,它才不会碎裂。它还得足够牢固来保护你的双脚。最适宜的材料是一种轻型塑料,会比鞋钉用的那种坚固塑料更具有弹性。一些足球鞋使用的塑料只能沿一个方向弯曲,由于它无法沿其他方向弯曲,所以能给予你额外的支撑强度,从而增强你每次踢球时的力量。

至于覆盖在你脚面及两侧的鞋面则需要非常有弹性,这样你才能更好地控球,而且跑动的时候也会很舒适。同样它的材料也得很牢固,这样就算你被踩到也可以受到鞋面的保护,而且在你踢球时，鞋也不会受损。**皮革**是最符合上述要求的，因为它十分耐磨，而且这种材料在任何温度和天气条件下都表现很好。科学家们发明出了许多相当棒的材料，但是在做足球鞋时，没有一种材料比牛皮的用途更广。

现代足球鞋还会有塑料鞋脊，并在鞋面上附着一层材料，从而产生某种纹路，可以帮助控球。

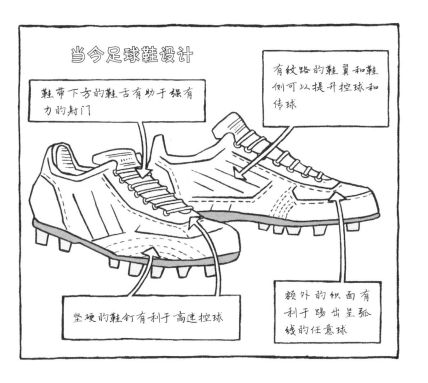

快乐脚

世界上最优秀的球员不需要自己去买足球鞋:足球鞋厂商会免费送给他们很多足球鞋。如果你每天都踢足球,你的脚趾内会形成额外的肌肉。为了保护这个部位的肌肉,而且也为了穿着不要太紧,专业的足球鞋有时会在脚趾周围的区域放入更多填充物。除此之外,足球鞋厂商还会以每位球员的脚作为模型,来制造完美适配的球鞋,宛如他们脚上的第二层皮一样。阿根廷前锋利昂内尔·梅西说他希望自己的足球鞋"比起球鞋更像拖鞋"。也许他还应该再穿一身睡袍!

大部分职业球员每赛季会轮流穿四到五双足球鞋;就像你最喜欢的那些衣服一样,你穿的次数越多,就会感觉越舒服。但是每个人想法不同:荷兰边锋孟菲斯·德佩告诉我们,他在大赛时喜欢穿刚从鞋盒里拿出来的新鞋。

强壮的脚趾

帮你改装鞋

球员通常喜欢用写字或涂鸦来让足球鞋更有他们的个人特征:

球 员	球鞋制造商	个性化标志
皮埃尔–埃梅里克·奥巴梅扬	耐 克	镶嵌有4000颗施华洛世奇水晶,以及他的英文姓名首写字母PEA
利昂内尔·梅西	阿迪达斯	儿子们的名字以及阿根廷国旗
马里奥·巴洛特利	彪 马	鞋后跟处镶有假的莫西干发型
内马尔	耐 克	鞋侧写有英文单词:courage(勇气)和joy(快乐),鞋后跟处写着NJR11
孟菲斯·德佩	安德玛	鞋后跟处是他的英文名"Memphis"(孟菲斯)的签名

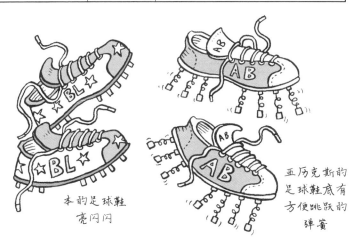

本的足球鞋亮闪闪

亚历克斯的足球鞋底有方便跳跃的弹簧

别踩到我的脚趾

不是所有球员都喜欢穿足球鞋。印度队曾受邀参加1950年世界杯,但他们最终没有出现在赛场上,因为世界杯的组织者——国际足联要求所有球员都必须穿足球鞋。印度代表队曾经参加过1948年奥运会,其中有一些选手在比赛时只在脚上缠了些绷带,因为他们觉得那样更加舒适(和轻便)。

家族斗争

阿迪达斯和彪马是世界知名的运动品牌,但你知道他们其实是由相互憎恨的两兄弟创立的吗? 20世纪20年代,阿迪和鲁道夫·达斯勒创办了达斯勒兄弟鞋厂。但是两兄弟逐渐分道扬镳,阿迪于1948年创立了阿迪达斯。鲁道夫则创办了另一家公司,后来演变为了彪马。这两家工厂都位于德国的一个小镇上,只是分立在一条河的两岸。而这两兄弟再未成为过朋友。

斯芬·夫蒂史·"糠迅"

☆ 优秀学员

"望鞋莫及!"

☆☆ 优秀学员 档案

转向系数:180度
最高时速:约每小时290千米
足球鞋总数:100双
智慧球鞋:1双
出生地:英格兰布特尔
支持球队:波士顿红袜(美国棒球队)
最喜爱的球员:威尔弗里德·博尼
特技:让球粘在他的鞋子上

设计技术小测验

1. 一双鞋最上面的部位叫什么？
   a）鞋底
   b）鞋中
   c）鞋面
   d）鞋顶

2. 一双理想足球鞋的鞋底应该是什么样的？
   a）有弹性
   b）多孔的
   c）香香的
   d）不易弯曲的

3. 为什么在球员上场前，裁判需要检查他们的鞋钉？
   a）确保他们的鞋钉上没有口香糖
   b）确保那些鞋钉并不锋利，不会对他们的对手造成危险
   c）确保两只鞋的鞋钉数量是一样的
   d）这是可以追溯至马车时代的一项传统，车夫过去需要检查马蹄铁的数量

4. 以下哪种材料最适合做鞋带？
   a）棉布
   b）橡胶
   c）意大利面
   d）吸管

5. 以下哪种足球鞋根本不存在？
   a）毒蜂
   b）刺客
   c）翼豪之球 90
   d）紫色力量猫

星期三

第三节 地理

---

① 智利的英文发音与"寒冷"的英文单词发音相近。
② 匈牙利的英文发音与"饥饿"的英文单词发音相近。

这堂课我们将会空降巴西,这个在国际足球界最成功的国家。巴西是世界上赢得世界杯次数最多的国家:1958 年、1962 年、1970 年、1994 年和 2002 年。

除此之外,巴西也是世界上产生顶级球员最多的国家,而且它还在连续不断地向全世界输送职业球员,这一点任何一个国家都赶不上它。

所以为什么巴西人会这么厉害呢?他们到底有什么别人没有的东西?亚历克斯之前曾生活在里约热内卢,这堂课的内容就是他的发现。

大即是美

巴西是南美洲最大的国家。它的面积非常大——你可以在里面塞进 33 个英国。

而且它人口众多——巴西的人口总数几乎等于英国、法国、德国三个国家的人口之和。所以这就是巴西球员数量如此之多的第一个原因:巴西人特别多。

和全世界所有国家相较之后,你会发现巴西的人口总数排到了世界前五:

国　家	排　名
中　国	第1
印　度	第2
美　国	第3
印度尼西亚	第4
巴　西	第5

热带草坪难题

巴西还有许多动物。实际上,它是世界上物种最多的地方,这里有犰狳、猴子、树懒和吸血蝙蝠。我们将这种物种丰富的情况称为**生态多样性**,这都是因为巴西这个热带国家有着各种各样的生态栖息地,例如亚马孙雨林、沙漠、热带草原和沼泽。就气候而言,这里几乎终年炎热,天气则是在烈日当空和倾盆大雨间来回变换。

说到足球，巴西人往往都是非常厉害的球员。他们以优秀的控球能力和完备的技术闻名世界。信不信由你，这种现象的形成和极端天气可有着大关系。

瓢泼大雨和炙人烈日对生长在雨林里的植物来说是最好不过的——但对草地来说则是噩梦。

在巴西维持一块草坪……或一个足球场，几乎是不可能的事情。事实上，在这个国家几乎找不到一块草坪足球场。孩子们在学校找不到草坪练习足球，整个国家也几乎没有公园。巴西仅有的几块草地差不多都在球场里，它们需要园丁每日的精心照料。

你可能会认为，由于巴西的年轻人没有草坪来学习怎么踢球，他们大概会踢得更差，而不会成为更棒的球员，可是继续往下看你就会知道，现实恰恰相反。

特大城市

大多数巴西人都住在城镇里。近几十年，巴西的城市发展迅速，许多城市人口已达好几百万人。人口数最多的城市是圣保罗，整座城市的人口几乎和全澳大利亚的人口一样。

这些特大城市里都挤满了人，没什么可以让人跑动的空地（除非一座城市有海滩）。在这些城市最贫穷的区域，那里几乎没有道路：简陋的砖屋彼此堆叠，只有狭窄的小路相通。那里连转身的空间都快没有了，更不用说踢足球了。然而巴西人将这一点变成了他们的优势。

大城市人口数

巴西利亚（首都）

阿雷格里港

贝洛奥里藏特

里约热内卢

圣保罗

化腐朽为神奇

由于城市里没有草坪也没有场地来踢足球,所以人们选择在泥地上或是在街道中学习踢球。

如果你一直在崎岖不平的地面上踢球,球的反弹路径完全无法预测,你就会锻炼出极其敏捷的反应力和优秀的技巧。如果你一直在水泥地上踢球,一摔跤就会伤到自己,那么你就会锻炼出非常棒的控制力和平衡力。如果你一直在狭窄的空间里踢球,那么你会拥有出色的球技。

换句话来说,巴西球员如此优秀的另一原因就是巴西的地理环境,包括这里的气候和城市。正因如此,踢球在这里困难重重。

不一样的球场

巴西人还会在另外两种地方踢球,这两处地方也很重要:

1. 室内

由于缺少室外球场,许多巴西年轻人都学会了在室内硬地球场上踢足球。这种室内运动被称为室内足球。这是一种五人制足球赛,球场大小和一个篮球场差不多大,所用的球也比普通足球更小更重。

由于室内足球使用的球弹性不太好,所以就需要更好的球技来掌控它。和在普通足球场踢球的球员相比,室内足球选手移动的空间更少,也就是说他们必须要速度很快,而且要具备更好的近身控球能力,不害怕带球。所以如果你踢室内足球,你就会变成一个更快、更无畏的球员。

室内足球的起源地是巴西的近邻——乌拉圭。但这项运动在巴西比在其他任何地方都更受欢迎。事实上,在巴西踢室内足球的人比踢足球的人还多。

巴西甚至有一支职业室内足球联队。在这个国家最优秀的球员中,许多人最开始都是踢室内足球的。现在我们知道他们为什么踢球踢得这么好了。

室内足球明星球员

玛 塔
内马尔
贝 利
罗纳尔迪尼奥
济 科

2. 海滩

巴西有大约 8046.72 千米的海岸线,沿岸大多会有沙滩。巴西许多大城市都有海滩,例如里约热内卢、桑托斯、萨尔瓦多和累西腓,所以人们会在海滩上踢足球。

相较于普通足球来说,沙滩足球要难得多,因为在沙子上跑动需要更多能量。由于球几乎无法弹起来,所以你在传球时要更加准确,控球时也需要调动身体的各个部位。因此如果你踢沙滩足球,你会变得非常健美,而且拥有出色的球技。

球场外舞动起来

除了阳光、雨水、城市、室内运动场和海滩,巴西人在足球方面还有另一个大优势——他们热爱跳舞。巴西的民族音乐风格叫作桑巴。桑巴音乐律动很快,富有节奏性,能够立刻使人兴奋起来,通常是由打击乐器演奏,例如小鼓、沙锤和铃鼓。桑巴也有自己独特的舞蹈风格,跳这种舞时,你会经常踩脚和扭屁股。在巴西长大的孩子都会学怎么跳桑巴,所以他们比其他国家的孩子更清楚要如何协调脚和屁股。扭动屁股对足球来说也很重要,你可以通过扭动突破防守,再转身踢球。

谁还需要球啊？

许多巴西家庭都因为太过贫穷，而无法给他们的孩子买一个足球。许多人告诉亚历克斯，那些家庭的孩子常常都会用椰子、橙子，甚至是鸡蛋来学习踢足球。

如果你用椰子来学踢足球，那么你的脚会非常酸痛。如果你用橙子来踢，那么你的脚会变得很黏。而如果你用的是鸡蛋，应该会有人被啪的一声打中！

但把这些不同寻常（而且可口）的东西当成足球也有好处。相较于踢一颗充好气的足球，踢个水果可难得多，所以用这些不寻常的物体当球踢的孩子们将会锻炼出更好的球技。想象一下用鸡蛋来做全身颠球会是什么样！

（我们并不建议你在家里这样做。）

你需要拥有一种几乎变态的控制力，才能在不打碎鸡蛋的情况下踢到它，再接住它。

所以当我们将目光投向巴西时，我们可以看到，对有志向的足球运动员来说，困境造就创造力。这意味

着，困难越大，你就要变得越强，这样才能战胜它。在踢足球这件事上，巴西的年轻人面临着许多挑战，也正因如此，他们最终锻炼出了令人惊异的、世界一流的球技。

1953年，巴西发起了一项设计国家队队服的比赛。最终的获胜者是个从未设计过足球运动服的青少年，他的参赛作品是一件黄色运动服，有着绿色的衣领和袖口。现在这依然是巴西国家队的队服。

☆ 优秀学员 档案

每日摄入椰子数：5

颠球纪录：7563

在单词"gooooooooooal"中有多少个"o"：10

花园里的生态多样性：17种猴子，250种蟑螂，还有1只树懒

出生地：科帕卡瓦纳

喜欢的球队：除了阿根廷之外的任何队伍

最喜欢的球员：里奥·费迪南德

特技：可以在球员周围跳舞

地理小测验

1. 巴西的首都是哪座城市?
   a) 贝洛奥里藏特
   b) 巴西利亚
   c) 里约热内卢
   d) 圣保罗

2. 圣保罗是巴西最大的城市,请问那里最大的足球俱乐部是以哪支英国队伍命名的?
   a) 科林蒂安
   b) 漫游者
   c) 斯巴达人
   d) 流浪者

3. 亚马孙河中有一种鱼类,牙齿非常锋利,喜欢吃生肉,强壮有力,能够一口将人的手指咬下,请问这种鱼的名字是什么?
   a) 水蟒
   b) 凯门鳄
   c) 南美咬指鱼
   d) 水虎鱼

4. 被国际足联评为世纪球员的贝利,全名是什么?
   a) 罗纳尔多·德·阿西斯·莫雷拉
   b) 马里奥·若热·洛博·扎加洛
   c) 埃德松·阿兰特斯·多·纳西门托
   d) 迭戈·阿曼多·马拉多纳·佛朗哥

5. 巴西国旗是以绿色为底,金色菱形里有个蓝色的圆圈,请问蓝色圆圈内是什么图案?
   a) 1枚军事十字勋章
   b) 5个足球
   c) 8只蝎子
   d) 27颗白色星星

星期三　　　　　　第四节　戏剧

在某些方面，足球运动员就像著名的演员一样。人们花钱来看他们现场表演。你可以在黄金时段的电视机上看到他们的身影。他们的形象会出现在广告以及名人杂志上。而且他们在球场上也会做许多表演。

这堂课我们将会了解足球运动员各式各样的表演方式，这些表演既有好的，也有不好的。人们都喜欢看球员，或是整支球队以某种欢乐的戏剧性演出庆祝进球。另一方面，球迷和评论员都会批评那些明明没有受伤，却故意大喊装作很痛的球员。

我们将会看到没有台词的表演如何常常出现在足球运动中，以及有的比赛又是如何像古希腊戏剧一般戏剧化，不过你在听课时并不需要穿罗马长袍。

庆祝进球奥斯卡

首先，让我们来看看一些足球史上最棒的庆祝方式。为此我们必须去到冰岛，看看那里一支名为史特贾纳的小球队。正是因为他们鼓舞人心的表演，这支队伍曾短暂成为过全世界最知名的球队之一。

当时这支队伍正在参加冰岛甲级联赛，由于球队成员全都在一座名为加尔扎拜尔的小镇长大，一起踢了十几年球，所以他们既是队友也是朋友。因为他们滑稽的庆祝方式，他们在冰岛已经相当有名了，但那场联赛上的一次精彩表演让全世界的目光都为之吸引。

在一场对阵菲尔基尔的比赛中，前锋哈尔多尔·奥里·比约恩森在比赛最后一分钟踢进了一个点球，帮助队伍赢得了胜利。他冲到场地边缘，伸开一条手臂，仿佛正在抛出鱼竿上的鱼钩。他的队友约翰·拉克斯达距离他约6米远，突然侧身倒地。当比约恩森假装用另一只手收杆时，拉克斯达不断扑腾，扭动着他的肩膀和屁股，宛如一条离开水的鱼。显然拉克斯达之所以会被选中这个角色，是因为在冰岛语中，"拉克斯达"的意思是"鲑鱼谷"。

演出还没结束。当拉克斯达"扑腾"到得分球员的脚边时，另外4名队员将他举了起来，抱住他的侧面，好像在面对镜头展示他们钓到了一条大鱼。另一位名叫鲍德温·史杜卢臣的队员单膝跪下，假装给这条"鲑鱼"拍了张照片。这次庆祝也毫无疑问地被命名为"一条鲑鱼"。记录这件事情的短片在网上疯狂传播，全世界有

好几百万人观看，它展现出足球和表演的结合成就了一场精彩的比赛。

我们把像这样提前计划好一系列表演动作的行为称为**编排**。史特贾纳仍在继续用各种精心编排的戏剧表演庆祝进球。以下就是一些他们的高光时刻。开机！

史特贾纳庆祝表演

1. 马桶——1名球员四肢着地，跪在地上，另外两名队员在他身后（他们是马桶垫和冲水把手）。得分球员坐在跪着的球员背上，假装在读报纸，随后起身，拉了一下马桶冲水的把手。

2. 自行车——两名球员膝盖着地，跪在地上，后面那名球员将双手放在前面那名球员的肩膀上。另有一名球员躺在他们两人之间。得分球员跳上后面那名球员的肩膀，在地上那名球员的帮助下，开始假装蹬自行车。

3. 跳水运动员——1名球员跪在地上，得分球员从他的背上跃入不存在的游泳池中，开始假装游泳。

4. 交谊舞舞者——得分球员抓住一名离他最近的队员，和他一起跳华尔兹。另外6名队员两两组队，跳同样的舞步。

5. 大雪橇——4名球员沿同一方向推动一根不存在的杆子，然后他们全都伸开双腿，坐成一条直线。他们先向左歪，再向右歪，仿佛正坐在一个大雪橇里。

行胜于言

球场上还有其他更有效的表演方式。当我们坐在电视前看足球，甚至是在球场里看足球，我们都无法听到球员到底在说什么。但我们光看他们的身体动作，就可以知道他们在想什么。这就是**肢体语言**，是一种不需要语言和文字的沟通方式。对于演员这一行来说，这是个很重要的工具。

后卫举起双手，向裁判挥动是什么意思？他想要公平的裁决。前锋冲向对手，用自己的鼻子紧紧逼近对方的鼻子是什么意思？他很愤怒。

我们的身体有时会自然地反应：当我们快乐时，我们就会笑；当我们受伤时，我们就做出痛苦的表情，或是哭出声来。但是在像足球赛这样的竞技环境中，有些球员会夸大他们对一些事件的反应。他们给出反应时就像马戏团里的小丑一样：为了能在不说话的情况下沟通，他们会过分强调自己的面部表情和肢体动作。这种表演方式叫**哑剧**。球员会在球场上使用这种哑剧技巧，这样即使他们不说话，其他球员、裁判以及球迷都能明白他们的感受。

下面就是一些所有球员都知道的表演时的表情（他们也知道如何夸张这些表情，以获得最大效果）：

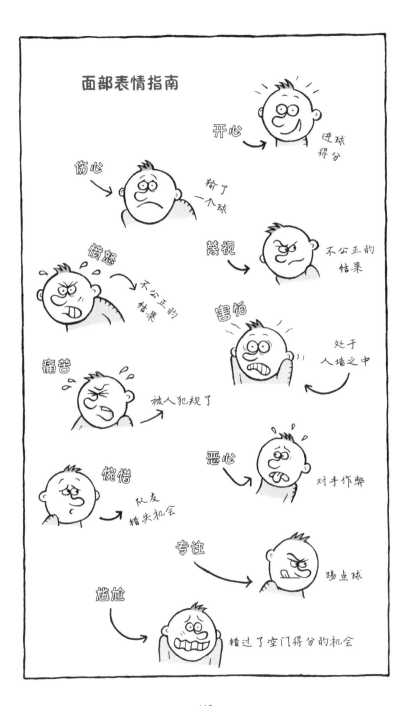

观众合唱队

或许球员会像演员一样表演,但看球赛和看戏剧、看电影是很不一样的。当你身处剧院、电影院,或只是在家里看电视时,通常你会保持安静,因为这样你才能听到剧中的内容。

足球恰恰相反。你会想变得吵闹起来,因为这说明你是这场演出的一员。如果你在球场里看球赛,唱得足够响亮,球员就会听到你的声音,这会鼓舞他们好好踢球,并且能打击他们的对手。

有时球迷会给某个球员喝倒彩,可能是因为那个球员过去曾为他们支持的球队效力,也可能是那个球员犯规了,又可能是那个球员只是剪了个糟糕的发型。这些从观众群中传来的喧闹声——对英雄的喝彩声,对反派的嘘声——表达了对演出主角的评价。

早期戏剧中也会出现这样的情况。在距今将近3000年前的古希腊,每次戏剧演出时,都会有一群演员组成**合唱队**,他们站在舞台旁边,对情节做出评价。他们可能会唱一首歌,描述某个角色的想法,又或是通过增加信息,推动情节继续发展。所以下回去看比赛时可得记住这点:你说的话也可以成为故事。这会让你成为一场比赛中重要的参与者。

"跳水"比赛

不过在一场足球比赛中,最常见的表演形式可能还是球员假装被犯规,从而获得一项优势,要么是赢得一次任意球或点球的机会,要么是让他们的对手下场。

这个手法被称为"跳水"。一名球员倒在地上,痛苦地翻滚着,他的队友会声称他是被对手推倒或是踢倒了。一旦裁判做出裁决,那名球员随后就会站起来,看上去根本没有受伤。

一项调查表明,在2014年世界杯的前32场比赛中,共有302名球员在比赛过程中倒在球场上,其中只有9名球员是真的受伤了。这个比例只有3%。大部分球员摔倒时都是在表演而已。

许多球员声称他们从未跳水,但他们大概率是在说谎。前英格兰前锋迈克尔·欧文承认这有点算是"灰色地带"。"我认为在我的职业生涯中,我从来没有真的跳水,"他在某次采访中说,"我有时确实会摔倒,其中最重要的两次都是和阿根廷队在世界杯碰上的时候,分别是1998年和2002年。当我处于可摔可不摔的境地时,我选择了摔倒。"

裁判可以用黄牌惩罚跳水行为。对于这种犯规行为的官方术语是"假摔"。作家戴夫·艾格斯说跳水行为"本质上是表演、躺地、哀求和诈骗四者的混合,而这四种举动组成了一种令人讨厌的行为"。我们在足球学校也不喜欢这种行为。

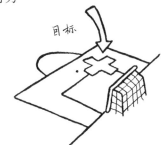

三大著名足球作假

1. 罗伯托·罗哈斯（巴西对阵智利，1989年）

这位智利守门员因为假装受伤而被终身禁赛。当时有人向球场上扔了烟火，罗哈斯假装倒在烟雾中并开始流血。可是后来人们发现，他其实是用藏在门将手套里的剃须刀把自己割伤的。

2. 里瓦尔多（巴西对阵土耳其，2002年）

土耳其后卫哈坎·云萨尔将球踢中了里瓦尔多的腿，这位巴西中场随即捂脸倒地。云萨尔被罚下场，但赛后里瓦尔多也因此被处以罚款。

3. 阿尔扬·罗本（荷兰对阵墨西哥，2014年）

2014年世界杯上，这位荷兰边锋在双方平局的情况下，在比赛上半场试图通过假摔获得点球机会，事后他为这次假摔行为道了歉。

优秀学员 德伍·莉霍
"祝好运！"

优秀学员 档案

为判定对方犯规的最高翻滚次数：14
庆祝进球的不同方式：43
预订的演出数量：9
一场比赛中最多换几件球衣：17
出生地：英格兰法肯汉姆
支持球队：西汉姆（英国）
最喜爱的球员：克雷格·莎士比亚
特技：发表振奋人心的团队讲话

戏剧小测验

1. 史特贾纳队曾试图用以下哪种方式庆祝进球?
   a) 自行车
   b) 火山
   c) 恰恰恰
   d) 月球漫步

2. 握紧拳头,伸出大拇指这个动作在大部分国家是什么意思?
   a) 很棒
   b) 数字一
   c) 你有没有指甲钳?
   d) 看啊,我的拇指弯不了

3. 在上台前,演员们按习惯会相互说什么?
   a) "不好意思我放屁了!"
   b) "祝好运!"
   c) "别忘了你的台词!"
   d) "亲爱的我爱你!"

4. 在英语里,糟糕的演员,或是演过了头的演员可以被叫作:
   a) 培根
   b) 猪
   c) 火腿
   d) 香肠

5. 在多特蒙德对阵沙尔克的比赛中,当多特蒙德前锋进球后,加蓬前锋皮埃尔 – 埃梅里克·奥巴梅扬和队友马尔科·罗伊斯戴了什么面具来庆祝进球?
   a) 蝙蝠侠和罗宾
   b) 猫和老鼠
   c) 超人和女超人
   d) 米奇和米妮

星期三

第五节　哲学

哲学家是一类总在探寻生命意义的思想家。例如勒内·笛卡尔曾在1637年时说"Cogito, ergo sum",这句话是"我思故我在"的拉丁原文。

我们根据这句话,编造了另一句拉丁文作为我们足球学校的校训:Kickito, Ergo Sum,意思是"我踢故我在"。哲学是一套引领你思考的理论体系,你不需要会说拉丁语,也不需要死去几百年,就可以拥有一套哲学体系。

本的人生哲学是:做你自己;爱你的家人;说笑话;吃比萨;踢点球。亚历克斯的人生哲学是:玩得开心;成为良友;去骑车;背乘法表;挖鼻孔。

足球运动员也有一套哲学来指导他们踢球。例如:总是进攻;让球一直留在场上;从不假摔。教练也会有一套规则来指导他们如何组织训练和战术安排。在这堂课上,我们将会讲述里努斯·米歇尔斯教练的故事,他的哲学思想对足球产生了革命性的影响。我们将会了解到他在半个世纪前提出的想法如何影响至今。

一位教练的诞生

1928年,马里努斯·里努斯·米歇尔斯出生于荷兰阿姆斯特丹。他从小就梦想着成为一名足球运动员,于是在他9岁生日时,他父亲送了他人生中的第一双足球鞋,以及一件阿贾克斯队的红白球衣。那时阿贾克斯还只是一支半专业球队。

里努斯·米歇尔斯

米歇尔斯在18岁时实现了自己的梦想,开始为阿贾克斯踢中锋位置。1946年,他首次上场比赛就进了5个球。他被视为真正的团队球员,因为他非常刻苦,而且总是将团队放在首位。虽然当球到他脚边时,他也会有些动作马虎,但他会一直移动,而且头球非常出色。在他为阿贾克斯效力期间,他一共射球269次,其中有121次成功进球得分。他也曾为荷兰队踢过5场比赛,直至30岁那年因背部伤病退役。

随着他足球生涯的结束,米歇尔斯成了一名聋哑学校的体育老师。资料显示,米歇尔斯是一名非常严格的老师。在当老师的那些年里,他研究出了一套能够激发出人们潜能的方法。随后米歇尔斯产生了这样的灵感:为什么不去做足球教练呢?这样就可以将他的教学技巧和对足球的热爱结合起来了。于是到了1965年1月,当他知道阿贾克斯需要一位新教练时,他应聘了这份工作并成功入职。

米歇尔斯接过教练这份工作时，阿贾克斯在联赛中的表现并不好。但是在米歇尔斯执教后的第一场比赛中，他们以9∶3的比分获得了胜利。阿贾克斯俱乐部不仅避免了降级，而且乘胜追击，在第二年拿到了荷兰冠军，并又继续蝉联两届冠军。连续三年！1971年，阿贾克斯赢得了欧洲杯（现在这个比赛被称为冠军联赛），成为欧洲最强球队。从未有一支队伍能从那样低谷的状态中走出，并赢得这座著名的奖杯，可以说是前无古人，后无来者。

将军的哲学

那么米歇尔斯是如何做到的呢？他对于足球训练有一套新方法，对于比赛战术则有一套新哲学。首先，他对自己的队伍要求很严，非常强调纪律。他的队员们都戏称他为"将军"，因为他为队员设定了每日4次的训练课程，就是为了让他们尽可能地变强壮。

大部分俱乐部每天只会有一到两个训练课程,不会到四个。米歇尔斯还从其他国家借鉴了新的战术。他模仿巴西球队的做法,让后卫去进攻,也参考匈牙利球队的做法,鼓励球员们轮换位置。所以如果一个中场换到了边锋的位置,边锋就会替换到中场。这种新型多变的踢球战术被称为"全攻全守"。米歇尔斯做出的这些改变产生了惊人的效果。

一名思想者的荣誉

在阿贾克斯取得成功后,米歇尔斯去到了西班牙巴塞罗那执教。他在那里继续践行着自己创新的训练方法和战术。在他的指导下,巴塞罗那14年来第一次在西班牙联赛中获胜。

随后他被任命为荷兰国家队教练。那个时候,荷兰队还只是个中等球队。米歇尔斯年轻的时候也曾为国家队效力过,但他们从来没有赢过比赛,有一次甚至以1∶6的比分输给了瑞典。但在成为教练后,他将这支队伍带成了全世界最优秀的球队之一。他们以微弱的劣势在1974年世界杯决赛上输给了联邦德国。随后,他带领自己的国家赢得了荷兰历史上唯一一座足球奖杯:1988年欧洲足球锦标赛冠军。多么不可思议的成就啊!1999年,米歇尔斯被国际足联评为世纪最佳主教练。

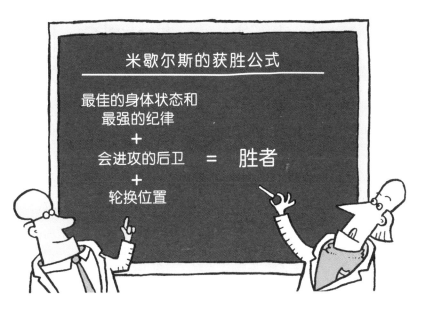

不朽的遗产

里努斯·米歇尔斯之所以在足球史上非常重要，不仅是因为他赢得了许多奖项，更是因为他留下了一项遗产。

遗产指的是世代相传的东西，例如某个你母亲一直不允许你碰的花瓶，或是一张你祖父母儿时的照片。

它也不一定必须是一件物品：它也可以是你姑妈的口臭，又或是这堂课所说的一种做事的方法。米歇尔斯的遗产就是他关于"全攻全守"的哲学理论。"全攻全守"的意思是指一支队伍总是会有能进攻的后卫，以及可以互换位置的球员。让我们来看看米歇尔斯多年前的做法如何造就了今日的巴塞罗那。

援助之脚

在建立他的哲学体系时，米歇尔斯有个很重要的助力就是运气。当他在阿贾克斯执教时，队里最好的球员是荷兰前锋约翰·克鲁伊夫。人们说克鲁伊夫有"四只脚"，因为他是第一个既能用脚内侧又能用脚外侧踢球的球员。克鲁伊夫比任何人都更好地理解了米歇尔斯"全攻全守"的观念。他甚至会在比赛期间指示队友该往哪里跑动。米歇尔斯在巴塞罗那执教的时候，克鲁伊夫也在该队踢球。

克鲁伊夫退役后也成了一名教练，开始在阿贾克斯，后来去了巴塞罗那，就和他的前教练一样。在阿贾克斯时，克鲁伊夫确保了这支队伍是以米歇尔斯的方式在踢球。时至今日，阿贾克斯全队上下——从11岁以下的少年队一直到成人队都还在采用这种方式。克鲁伊夫在巴塞罗那也做了同样的事情。米歇尔斯的哲学成了克鲁伊夫的哲学。在培育出利昂内尔·梅西及其他众多伟大球员的巴塞罗那青训营，年轻的足球明星们仍在学习由米歇尔斯发明、克鲁伊夫传承的踢球方式。事实证明，这样的方法非常有效。

世界哲学

近年来，巴塞罗那（简称巴萨）足球队是全世界将球员转型为教练最成功的球队。例如西班牙中场何塞普·瓜迪奥拉，他曾在巴萨踢了 11 年球，退役后他重回巴萨执教，并带领球队在 2009 年一年就赢得了 6 座奖杯。

实际上，瓜迪奥拉有 10 名队友都在世界各地的俱乐部执教过，而他们中的很多人都是 1996 年克鲁伊夫在巴萨执教时的队员。米歇尔斯独创的哲学理念如今已变成了一种全球现象。

何塞普·瓜迪奥拉是巴塞罗那史上最成功的教练。在他执教期间，巴萨一共得过 3 次西甲冠军，两次欧洲冠军联赛冠军，以及西班牙国王杯、西班牙超级杯、欧洲超级杯、国际足联俱乐部世界杯的冠军。

米歇尔斯哲学遍布世界

1996 年巴塞罗那队球员	球员后续执教球队
阿贝拉多	皇家希洪体育
吉列尔莫·阿莫尔	阿德莱德联
塞尔吉·巴尔胡安	阿尔梅里亚
劳伦特·布兰科	波尔多 / 法国队 / 巴黎圣日耳曼
路易斯·恩里克	维戈塞尔塔 / 罗马 / 巴塞罗那
阿尔伯特·费雷尔	皇家马略卡

快乐荷兰

米歇尔斯的另一项遗产就是荷兰足球的惊艳成功。荷兰的总人口数连欧洲前十都排不上,可是国家队却总能在世界杯上表现出色。想想英格兰自从1966年赢得世界杯后,接下去的48年间竟然连一次决赛都没有打进过,荷兰只有英格兰四分之一大,却已经打进过三次决赛、两次半决赛了。

相较于其他小国家,荷兰同样也诞生了更多的优秀教练。距离米歇尔斯初次执教阿贾克斯已经过去了50多年,但人们依然还在使用他那些方法。这就是为什么一些人称他为"现代足球的发明者"。虽然克鲁伊夫延续了他的思想,但米歇尔斯仍是足球史上最重要的哲学家。

1996年巴塞罗那队球员	球员后续执教球队
奥斯卡·加西亚	特拉维夫马卡比 / 布莱顿 / 萨尔茨堡红牛
何塞普·瓜迪奥拉	巴塞罗那 / 拜仁慕尼黑 / 曼城
胡伦·洛佩特吉	西班牙21岁以下青年队 / 波尔图
胡安·安东尼奥·皮济	圣洛伦索 / 瓦伦西亚 / 智利队
罗伯特·普罗西内茨基	贝尔格莱德红星 / 阿塞拜疆队
赫里斯托·斯托伊奇科夫	保加利亚队 / 索菲亚中央陆军

猜猜这个谜

约翰·克鲁伊夫同样也被人们视为一位足球哲学家,但这通常是因为他说的话总是高深莫测、让人迷惑。这里列出了五句他的经典发言:

哲学小测验

1. 哪位哲学家说出了"我思故我在"?

    a) 勒内·笛卡尔
    b) 柏拉图
    c) 德勒·阿里
    d) 亚里士多德

2. 哲学的英文"philosophy"源于两个希腊单词:"philo"和"sophia",其中"philo"的意思是"热爱",那么"sophia"的意思是什么?

    a) 智慧
    b) 大笑
    c) 女孩
    d) 沙发

3. 以下哪位教练没有当过老师?

    a) 里努斯·米歇尔斯
    b) 何塞·穆里尼奥
    c) 何塞普·瓜迪奥拉
    d) 路易斯·范加尔

4. 法国哲学家阿尔贝·加缪曾说过这样一句话:"我关于道德和责任所确信的一切,都来自……"请将这句话补充完整。

    a) 丁丁(《丁丁历险记》的主角)
    b) 守门员
    c) 足球
    d) 安托万·格列兹曼

5. 哪一位智者曾经说过"如果你想活得快乐,就将生活和目标拴在一起,别寄托于其他人或物"?

    a) 阿尔伯特·爱因斯坦
    b) 彼得·切赫
    c) 斯蒂芬·霍金
    d) 让-保罗·萨特

星期四

第一节 摄影

拍张足球比赛的照片应该很简单吧？反正只要把相机镜头对准球场，再按下快门按钮就行了。但实际上的摄影要比这复杂一些。

在比赛中，专业摄影师做的事情其实有点像球员：你需要有很棒的技术，要速度快，要能创造机会，还要对比赛有敏锐的直觉。拍到一张好照片的兴奋感就像进了个球一样。在这堂课上，你将会学习如何拍摄一张精彩照片。不过首先，我们需要了解一台相机到底是怎么运作的。笑一笑！

让那里有光

眼睛是个神奇的器官。当你看到一件物体时，物体反射的光线会通过你眼睛前面的**晶状体**，在你的眼后建立一张**图像**。一开始这张图像是上下颠倒的，随后我们的大脑会将它的位置摆正，不然我们会觉得非常晕。

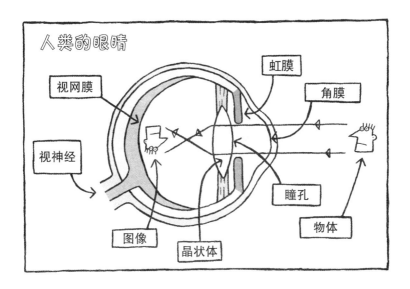

一台相机就是一个机械眼。相机前面有个镜头，后面有个**传感器**。图像就是在传感器生成的。

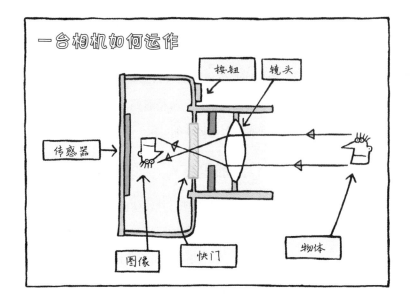

在传感器上生成的图像也是上下颠倒的，相机里的电脑会将它的位置摆正。

相机还有个**快门**，它的位置就在传感器前面。快门的作用是不让光线通过。当你按下相机的快门**按钮**，它就会非常短暂地打开快门，让光线抵达传感器，形成图像。

在比赛期间拍摄球员照片时，摄影师会将快门速度设定为每张照片 1/1600 秒。如果快门释放的时间更长，就很可能会由于球员移动，导致照片模糊。

一包镜头

专业相机由两部分组成:相机主体(包括传感器、快门按钮和快门)和镜头。这是因为摄影师经常需要根据拍摄对象的不同更换镜头。足球比赛的摄影师通常都会在包里装大约 5 个镜头。

短焦镜头很适合拍距离近的物体,也适合从远处拍摄大场景。长焦镜头则适合将远处的物体放大。

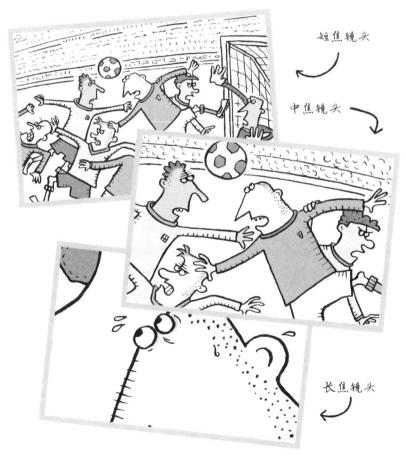

最大的镜头就像望远镜一样。由于它们又长又重,所以摄影师必须用架子支撑,才能保持稳定。

比赛安排

摄影师会在开球前约 3 小时抵达赛场,利用这段时间做好准备工作,找好位置。他们会被安排在边线旁,直到比赛结束才能离开。

一旦比赛哨声吹响,摄影师的任务就是拍摄比赛中的精彩瞬间。

是哪些瞬间呢?进球肯定算,还有重要的守球瞬间,或许还会有关键的犯规和抢断瞬间。这些照片才是报纸和网页想要的。

就像猎人通过枪的瞄准镜来追踪猎物,大多数摄影师会用相机的取景器追踪足球。打猎和摄影这两件事甚至在语言上都很相近:你用枪射击和你用相机拍摄①。

一般来说,足球在哪儿,精彩瞬间就会在哪儿,所以摄影师会一直盯着足球看。不过他们也会用余光去注意其他地方,毕竟足球的速度非常快,而且走向不可预测。

---

① 在英文中,拍摄和射击都可以用单词 shoot 表示。

当足球靠近球门时,摄影师们会绷紧手指,随时准备拍照——但不会只拍一张照片。专业运动相机的快门按钮会连接一个机身马达,所以当你按下快门按钮,它会每秒拍摄12张照片。哒哒哒哒哒哒哒哒哒哒哒哒。与其说是相机,它似乎更像机关枪。

你必须一张接一张地拍许多照片,因为快速连贯的动作转瞬即逝,你如果不这样做就很可能会错过球员射门的瞬间。

如果一场比赛很精彩,那么一位摄影师可能会在比赛期间拍摄1000多张照片,几乎是5秒就会拍一张照片。要是比赛很无聊,他们可能就只会拍100张左右,差不多一分钟一张。

如果球进了，你不需要拍摄球在门网里的照片，因为所有足球和门网都看上去一样。这时你想要的是进球球员庆祝的画面！他们脸上欣喜的表情就会说明一切！

经验丰富的摄影师还会确保自己对场外的状况了如指掌。有时边线上领队的一个动作，或是球场里装扮的五颜六色的球迷都可以成为一张精彩的照片，展现比赛的盛况。

一张好照片不仅要抓到瞬间，还必须要**对好焦，取好景**。

对 焦

当你用相机对准远处的一个物体时，通常物体都会变得模糊。让图像变得锐化和清晰的过程被称为**对焦**，这需要对镜头进行微妙的调整。

幸好所有现代相机都有自动对焦功能，也就是说相机里的电脑会自动完成对焦。

然而，一台相机每次只能对焦位于同一距离的物体。所以如果观众台上有许多热情洋溢的球迷，他们和相机的距离有远有近，那你就需要决定究竟得把焦对在谁身上。摄影师会用取景器决定要把焦对在照片中的哪个部分，一般尼康相机的取景器看起来就会像这样。

一共有51个！数数看吧！

这张图片里有 51 个部分可供摄影师选择对焦,每个部分都会有一个小盒子标记。摄影师可以用拇指在各个小盒子上移动,从而选出他们最想对焦的位置。

你被取中了

要想拍到一张好照片,你的眼睛和手指都必须动得快。但这也不是只跟技术有关:一位出色的摄影师同时也是位艺术家。

如果你想要拍张足球运动员的照片,理想状态下你会希望把他们放在图像或**取景框**的中心,而不会希望他们的头顶被画幅切掉,或是他们被其他球员挡住,又或是照片里还有其他东西干扰视线。

最好的照片就像画作。不同的地方在于,作画时你可以选择自己想呈现的内容,可摄影时你只能记录发生在你面前的瞬间。

其实要拍出优秀的赛场照片真的是个挑战。你需要记住许多事情:选取正确的镜头,确保它对好焦了,为照片取好景——还有,别错过该拍照的瞬间。尼康相机的资深专家罗伯特·麦克尼奇告诉我们,由于比赛的速度之快和不确定性之高,英超是全世界最难拍摄的体育比赛之一。

发布竞赛

如今许多相机都会装好无线传输器,这样拍好的照片可以立刻传送到摄影师口袋中的接收器上。然后这些照片可以再通过卫星,从接收器传送到报社或网站的体育部门。接着照片编辑会从中挑选最佳的照片使用。一张照片从摄影师的相机到所有人可以在网上浏览最快只需要十几秒时间。

☆☆☆ 优秀学员 档案

包里的镜头数:6
家中的相册数量:356
光速:约每小时10.8亿千米
出生地:美国全景城
支持球队:朗斯(法国)
最喜爱的球员:克里斯·卡马拉
最喜爱的地点:光明球场
特技:四处缩放

摄影小测验

1. 以下哪个词也是摄影的意思?
   a) 拍照
   b) 噼啪
   c) 砰
   d) 嘶嘶

2. 请问一个三脚架有几条腿?
   a) 一
   b) 二
   c) 三
   d) 四

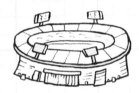

3. 2015年,阿森纳中场圣迪·卡索拉在庆祝球队赢得足总杯时,拿起了一台被摄影师留在底线附近的相机,随后他做了什么?
   a) 他把相机扔到了人群中
   b) 他假装那台相机是足球,把它踢到了空中
   c) 他给自己和队友一起拍了张自拍
   d) 他拿着相机逃走了

4. "狗仔"指的是:
   a) 一位擅长拍甲级联赛的意大利摄影师
   b) 在公共场所偷拍名人及他们伴侣,并将照片卖给杂志和网站的摄影师
   c) 对足球比赛中最年长、最伟大的摄影师的尊称
   d) 利用降落伞在空中拍摄球赛的摄影师

5. 数字图像由许多叫作**像素**的小点组成。对于大部分出现在杂志中的体育照片来说,像这样1英寸(2.54厘米)长的线段上会有多少像素?
   a) 50
   b) 150
   c) 300
   d) 1000

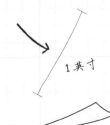

1英寸

星期四

第二节 商业研究

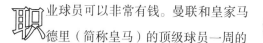职业球员可以非常有钱。曼联和皇家马德里（简称皇马）的顶级球员一周的薪水会比医生、农民、老师、科学家、总理、房产中介、园丁、出租车司机、厨师、飞行员、军人、私教、遛狗人以及宇航员一整年挣得都多。为什么足球运动员会成为全世界最高薪的职业之一呢？在这堂课上，我们将会去了解足球产业的运作，看看过去几十年它是如何改变的。或许现在很难想象，但很久以前踢足球根本挣不了什么钱。

商业就是一块蛋糕

我们先来看看为什么足球运动员这么有价值。上周末我们参加了足球学校的宴席，当时蛋糕台上只剩了一小块蛋糕。我们两个都很喜欢吃蛋糕，而且都很饿。于是发生了这样的事。

蛋糕最后归了本，因为他出的价格更高。足球业也是如此。球员就像一块块蛋糕：俱乐部为了得到想要的蛋糕，会掏空口袋里的钱。

换句话说，最好的球员之所以能得到天价薪资，是因为俱乐部可以承担得起他们的薪资。如果你真的想得到一样东西，你会在自己能力范围内尽你所能。所以我们需要弄清楚的是，为什么足球俱乐部有这么多钱。

金钱流通

大部分商业的运转基础都是：有钱流入（被称为**收入**）以及有钱流出（被称为**支出**）。

金钱支出：

球员薪水。

其他工作人员的薪水，例如教练、厨师、整理球场草坪的工作人员和球队大巴的司机。

建造球场，以及建成后的维护费用。

金钱收入：

比赛门票。球迷为了看到自己支持的球队，就会买比赛的门票，这些门票费都归俱乐部所有。

电视播放权。像天空电视台和电信体育台这种电视台会向俱乐部支付一定费用，从而获得在自家体育频道播放该球队比赛的权利，因为电视台清楚球迷们会花钱观看这些频道。

赞助。企业会付钱给俱乐部，让他们把品牌的名字印在球衣正面或是球场其他地方，这样他们的品牌就能被更多人看见。

周边。球迷购买官方同款球衣、钥匙扣、马克杯、日历以及其他官方授权的产品时，部分销售金额会归俱乐部所有。

赢得比赛。如果球队赢了英超或是冠军联赛，除了奖杯之外，还会有现金奖励。

礼物。一些俱乐部是由富豪所有，他们经常会从口袋里拿出点钱来帮帮自家球队。

如果排除掉持有者赠予的礼物以及比赛奖金,所有的俱乐部收入最终都是来自球迷……

当我们去看比赛时,我们递过钱去。

当我们购买印着球队徽章的睡衣时,我们递过钱去。

当我们为体育频道付费时,我们递过钱去。

球迷可能不是很有钱,但全世界有好几百万球迷。如果我们所有人都花一点钱来买票、订购频道和购买球衣,加起来的总数目会相当可观。俱乐部之所以会有那么多钱,都是因为我们。这些钱从我们的口袋流出,最终落入球员的口袋中。

富者愈富

在生意场上,如果你已经是有钱人了,通常你就会更容易赚更多的钱。最富有的俱乐部钱最多,所以他们就可以建最大的球场,卖更多票。如果他们卖了更多票,就又可以挣更多钱。因此他们会变得更富有。

① 原文为"Ker-ching!",表示收银机打开的声音,单纯音译无法展现,此处译为氪金,英文与中文的意思相呼应。

成功是成功之母

在足球界，如果你已经有了最好的球员，通常你就会更容易继续签到最优秀的球员。

最富有的俱乐部可以承担顶级球员的薪资，所以他们会有更高的概率赢得比赛。一家俱乐部赢的比赛越多，他们就可以拿到更多的赛事奖金，以及获得更多的电视收益（因为他们会更频繁地出现在电视上）。因此他们会继续成为最富有的俱乐部，然后能够继续签下最优秀的球员。

现代百万富翁

你或许会认为，顶级球员一直以来都是住在大房子里，开着豪车，穿金戴银。但事实并非如此。百万年薪的球员是最近才出现的。在1961年前，按规定，球员每周薪资不得超过20英镑，相当于现在每周收入400英镑，连小学老师的薪水都不如。

球员们对于自己微薄的收入非常愤怒，所以他们发出威胁，如果不被允许挣更多钱，他们就会停止踢球。足球联赛同意了球员的要求。每周 20 英镑的薪资限制一解除,富勒姆俱乐部的约翰尼·海恩斯立刻成了全英国收入最高的球员,每周 100 英镑(大约相当于现在的 2000 英镑)。

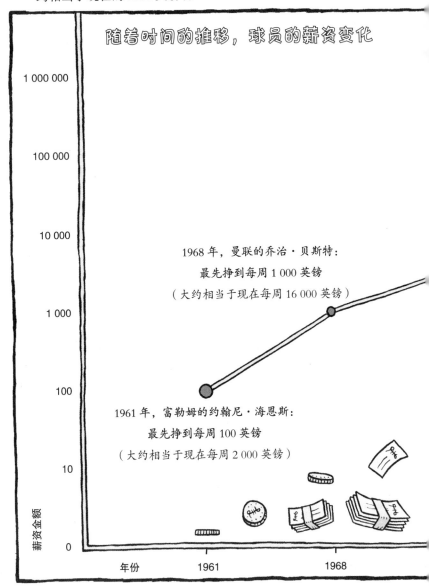

这里这张图展现了每个时代最高收入的球员情况。这个增长是难以置信的：罗纳尔多的薪资差不多是 1961 年海恩斯薪资的 500 倍。

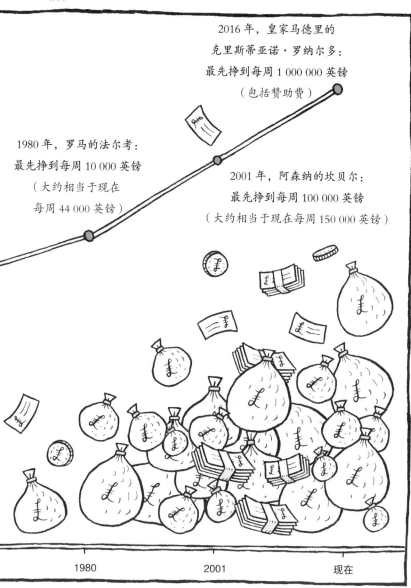

球员薪水之所以会涨得这么快,是因为现在足球产业更有钱了。造成这一现状的原因有以下几点:

1. 票价不断上涨,而且球场越来越大,所以俱乐部现在可以通过球赛赚更多钱了。

2. 俱乐部授权的电视播放费用增长巨大。由于球迷订购频道给电视台带来了收益,所以电视台可以有更多的钱付给俱乐部。

3. 由于世界各地的观众都可以在电视上看球赛,所以球赛的影响力变得更广了,俱乐部也因此可以获得更高的赞助费和销售额。

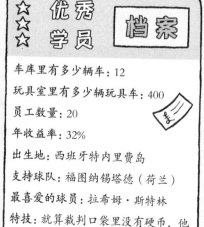

车库里有多少辆车:12
玩具室里有多少辆玩具车:400
员工数量:20
年收益率:32%
出生地:西班牙特内里费岛
支持球队:福图纳锡塔德(荷兰)
最喜爱的球员:拉希姆·斯特林
特技:就算裁判口袋里没有硬币,他的口袋里也一定会有一枚硬币

商业研究小测验

1. 西班牙的货币叫什么?
   a) 薄饼
   b) 西班牙币
   c) 比塞塔
   d) 欧元

2. 如果一个球员每周可以挣 1 000 000 英镑,那么他每秒钟可以挣多少钱?(1 英镑 =100 便士)
   a) 0.16 便士
   b) 1.6 便士
   c) 16 便士
   d) 1.65 英镑

3. 下面四个选项中收入最高的是?
   a) 全世界最富有的球员
   b) 全世界最富有的拳击手
   c) 全世界最富有的电影明星
   d) 全世界最富有的银行家

4. 谢赫·曼苏尔是曼城俱乐部的老板,他是世界上最富有的人之一,请问他来自哪里?
   a) 阿联酋
   b) 香港
   c) 埃及
   d) 沙特阿拉伯

5. 克里斯蒂亚诺·罗纳尔多是全世界收入最高的运动员。当他的经纪人豪尔赫·门德斯结婚时,他买了什么东西作为经纪人的新婚礼物?
   a) 一套《足球学校》的书
   b) 一对百年好合的枕套
   c) 一张皇马的季票
   d) 一个希腊的小岛

星期四　　第三节＋第四节　时尚

蓝色！红色！白色！黄色！

不不不，我们并不是在说本收藏的那些签字笔，而是在说不同的足球俱乐部以及他们的球衣。球衣颜色是俱乐部身份的重要组成部分，球迷经常会将球衣颜色作为球队的外号。在这堂课上，我们将会学习一些著名的俱乐部是如何收获那些特别颜色的。

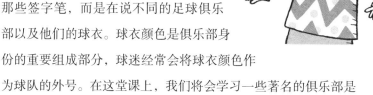

另外，我们还会看国家队的队服。为什么一些国家队的队服颜色和他们的国旗颜色一样，而另一些却不是？每件球衣背后都有个"色彩斑斓"的故事。不过首先我们需要回到足球的早期岁月。

足球帽

在 19 世纪中期，各支足球队都没有标准的球衣。球员们都是有什么穿什么。偶尔还会有人穿板球运动员常穿的白色法兰绒，因为那时板球已经是一种被普遍接受的运动了。为了区分两队的队员，球员们会戴不同颜色的帽子，或是在衣服上系彩带。

不过这种做法在比赛时也会让人很困惑——想象一下如果每个人的帽子都掉了会是什么场景！

到了19世纪60年代,第一批英格兰足球俱乐部成立了。在随后的十年间,这些俱乐部决定要让他们的球员穿上有颜色的球衣。许多俱乐部是根据学校来挑选球队代表色的,至于选择某所学校的原因,可能是因为俱乐部创始人曾在那里就读,也可能是因为那所学校的球队很让他们欣赏。以布莱克本流浪者足球俱乐部为例,他们就是根据伍斯特郡马莱文学院的球队队服,设计出了本队两种颜色相间的球衣。

球衣抄袭

最早期的球衣颜色基本都是白色、黑色、蓝色或红色,因为这些颜色的衣服最便宜。稍晚成立的俱乐部在设计球衣时,通常会参考那些已经成名的球队。

球　队	颜　色	参考球队
阿森纳	红色球衣	诺丁汉森林
毕尔巴鄂	红白条纹	南安普敦
尤文图斯	黑白条纹	诺兹郡
利　兹	白色	皇家马德里

从克罗斯比到加泰罗尼亚

每支球队球衣颜色的背后都会有一个故事。在巴萨的蓝红球衣背后,一共有两个故事,因为没有人知道究竟哪个才是真的。

我们的第一个故事从19世纪末期的克罗斯比开始。克罗斯比在利物浦附近，那里有著名的麦钱特泰勒斯学校。这间学校的校徽上有一只狮子，狮子的背后是蓝色的背景，狮子的周围则是红色装饰物。记住这两种颜色：蓝色和红色。

亚瑟·威蒂和欧内斯特·威蒂两兄弟热衷于体育运动，他们去到了麦钱特泰勒斯学校学习。从学校毕业后，他们搬到了西班牙的巴塞罗那生活，他们的父亲在那里经营一家航运公司。1899年10月之后不久，这家公司与一支名为巴塞罗那的新球队有了合作。他们父亲的公司从英格兰进口皮制足球、球网，以及裁判的口哨，供这支球队使用。

亚瑟和欧内斯特一同为巴塞罗那踢球，亚瑟还成了俱乐部的主席。当这支球队在决定球衣颜色时，他们选择了……蓝色和红色！看起来威蒂两兄弟似乎给巴塞罗那选择了他们母校的颜色。

那时这家俱乐部还不怎么知名，但后来它成了全世界最成功的俱乐部之一，多次获得西班牙足球甲级联赛（简称西甲）和欧洲冠军联赛（简称欧冠）的冠军。巴塞罗那的红蓝球衣也成了体育界最具辨识度的球衣之一，而这球衣的颜色很可能是源于英格兰北部一间学校的颜色。

现在我们要说第二个故事了。巴萨球衣的另一种解释则与俱乐部的瑞典创始人有关。这位创始人在瑞士的巴塞尔长大，所以他根据巴塞尔的颜色——同样是蓝色和红色，确定了巴萨的球衣颜色。

历史学家们会为这件极具代表性的球衣的来源争论不休，但在足球学校，我们倾向于认为球衣的灵感来源还是麦钱特泰勒斯学校。因为我们学校和学校得联合起来！

足球水果

由于他们球衣的颜色是红色和蓝色,所以巴塞罗那又被称为"红蓝军团",这个词源于加泰罗尼亚语中的blaugrana。加泰罗尼亚语是加泰罗尼亚地区的语言,其中"blau"的意思是蓝色,"grana"则是从"pomegranate"这个词变化而来,意思是一种红色水果——石榴。所以"blaugrana"的意思就是"蓝色和石榴"。嗯!

色 盲

正如上文所说,球衣是俱乐部身份的重要组成部分。球迷会对球队颜色的保护欲特别强。来看看几年前卡迪夫城足球俱乐部发生了什么事吧。

2010年5月,马来西亚富商陈志远买下了卡迪夫城。球迷们都非常激动,因为陈志远承诺会花重金帮助球队升级为甲级球队。

然而他有个条件:他希望把卡迪夫城的蓝色球衣改成红色。可这支球队从1908年更名为卡迪夫城开始,球衣颜色就一直是蓝色。不仅如此,他们的队徽上还有一只蓝鸟,而且他们的外号也是蓝鸟。

关于队徽,陈志远也有自己的提议。他想要把蓝鸟改成一条龙。他到底为什么要这样做呢?他说那是因为他的幸运色是红

色，而且红色在亚洲代表着成功。

无数球迷表示抗议，但陈志远还是按自己的想法做了。他向俱乐部投资了7000万美镑，卡迪夫城的球员开始穿着红色球衣踢球。一些支持者们对此非常愤怒，他们拒绝去看球赛。但是陈志远的承诺兑现了，卡迪夫城的确升成了甲级队。

接着这支球队的运气又发生了转变。他们在英超一共只赢了7场比赛，最终成了垫底球队。球队被降级6个月后，陈志远又将球衣颜色改回了蓝色，同时在队徽上恢复了蓝鸟图案。他声称是他的母亲提醒他要重视"和睦、团结与快乐"。虽然这支队伍可能没有赢很多比赛，但至少球迷是开心的。

蓝色幻想

卡迪夫城的外号是蓝鸟,但是其他许多俱乐部,还有一些国家队的外号就是简单的蓝军。

法国
(蓝军)
意大利
(蓝军)

伯明翰城
切尔西
埃弗顿
伊普斯威奇
施鲁斯伯里镇
绍森德联
韦康比流浪者

你们这两队蓝军要加油啊!

我们就是国旗

那么国家队是怎么决定队服颜色的呢?大部分国家队的队服颜色就是他们国旗的颜色。

这种趋势是从历史上第一场国际比赛开始的,也即英格兰和苏格兰在1872年的那场比赛。当时英格兰球员穿着白色球衣,刚好和英格兰国旗——圣乔治十字旗的背景色一致。苏格兰球员则穿着蓝色球衣,与苏格兰国旗——圣安德烈十字旗的背景色一致。

如今英格兰和苏格兰的队服仍然是这两种颜色。另外，英格兰也会穿蓝色球衣，据英格兰足球总会的历史学家大卫·巴伯所说，这是因为英格兰足球总会的官方颜色是蓝色。同时这也解释了为什么英格兰队队徽上的三只狮子是蓝色的。但有谁看见过蓝色的狮子呢？

其他颜色的国家

让人疑惑的是，有些国家队的队服颜色居然跟他们国旗的颜色没有任何关系。

荷兰的国旗上有红色、白色和蓝色，但他们的球衣是橙色。意大利的国旗上有红色、白色和绿色，他们的球员却穿蓝色。难道他们的球衣设计师是色盲吗？当然不是……

上述两种球衣颜色其实都和他们先前的统治者有关。对荷兰来说，他们是为了纪念威廉·奥伦治①，他领导荷兰人民反抗西班牙的统治，最终促使荷兰在1648年获得独立。有意思的是，尽管威廉·奥伦治是位国家英雄，但以他名字命名的那座小镇——奥伦治，却在离荷兰几百千米远的巴黎境内。更有意思的是，奥伦治这个词在他的名字里其实和橙色没有任何关系。他的名字来源是古罗马神话中的水神，这位水神原名阿劳西奥，随着时间的推移，逐渐演变为"奥伦治"。那

① 原文"William of Orange"，Orange（奥伦治）在英文中还有"橙色"的意思。

些荷兰人选球衣颜色的时候还真是发挥了点艺术想象力啊!

至于意大利的蓝色球衣则与萨伏依王室有关。萨伏依是全世界最古老的王室之一,他们的统治时间从1861年开始,到1946年结束。蓝色正是他们的官方颜色。意大利在参加1934年世界杯时,他们还将萨伏依的徽章印在了队服上。徽章以红色为底,上面有个白色的十字。这里还列举了一些球衣颜色和国旗颜色并不匹配的国家。

球 队	球衣颜色	国旗颜色
澳大利亚队	绿色/金色	蓝色/白色/红色
德国队	白色	黑色/红色/黄色
印度队	蓝色	橙色/白色/绿色
日本队	蓝色	白色/红色
斯洛文尼亚	绿色/白色	红色/白色/蓝色

优秀学员档案

原色共有几种:3

彩虹中有几种主要颜色:7

收藏的球衣数量:342

桌子里的蜡笔数量:25

出生地:美国黄石国家公园

支持球队:水原三星蓝翼(韩国)

最喜爱的球员:杰米·雷德克纳普

特技:炫丽的球技

时尚小测验

1. 巴塞罗那的球衣颜色和哪种水果有关?
   a)菠萝
   b)石榴
   c)覆盆子
   d)柑橘

2. 谁住在白宫里?
   a)女王
   b)美国总统
   c)英格兰足球队领队
   d)克里斯蒂亚诺·罗纳尔多

3. 诗歌专家认为以下哪两种颜色找不到押韵的词语?
   a)青绿与蓝(Turquoise and blue)
   b)红棕与赭(Copper and sienna)
   c)紫红与黄(Fuchsia and yellow)
   d)橙与紫(Orange and purple)

4. 哪支意大利球队在2013年采用了绿色和灰色的迷彩色作为客场球衣?
   a)博洛尼亚
   b)佩鲁贾
   c)那不勒斯
   d)都灵

5. 在1994年世界杯上,哪位守门员穿了自己设计的荧光色球衣?
   a)豪尔赫·坎波斯(墨西哥)
   b)克劳迪奥·塔法雷尔(巴西)
   c)博格丹·斯特莱亚(罗马尼亚)
   d)约瑟夫·安托万·贝尔(喀麦隆)

| 星期四 | 第五节　计算机科学 |

当个顶级球员常常会很无聊。你会有许多时间无事可做，你会把大量时间花在搭乘大巴和飞机上，就为了往返于比赛场地。而当你客场作战，或是去踢国际赛事时，又会花大量时间待在酒店里。在这个前提下，足球运动员爱打电脑游戏也就不奇怪了。每当我们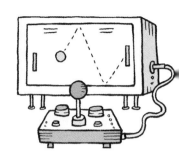和球员聊天时，他们总会说这是他们最喜欢的放松方式。而且哪怕他们几乎每天都在踢真的足球，职业球员还是喜欢玩和足球有关的电脑游戏。

在这堂课上，我们将会了解什么是电脑，以及你可以怎样根据球员不同的特性，把他们变成电脑游戏里的角色。

我们还会弄清楚打游戏究竟能不能帮你成为更棒的球员。不过你可得很小心——打游戏有时会对比赛造成很不好的影响。瑞典前锋兹拉坦·伊布拉西莫维奇在为国际米兰效力时，常常一连打 10 个小时的电脑游戏。我们猜测这种行为导致了他表现的下滑。英格兰前门将大卫–詹姆斯曾在一场比赛中漏进 3 个球，他把责任推给了索尼游戏机。"我会一直玩好长时间，比赛根本不在状态。"他说。

数字游戏

电脑是一种用电驱动的机器，只要你给它设定一个**程序**，或是下一套指令，它就会按你的要求完成任务。电脑存储信息时只会用数字 0 和数字 1，我们将这种记数法称为二进制，每个数字称为一个**比特**。8 个比特可以组成一个**字节**。

电脑游戏是一种程序，所以它其实是由字节组成的。《足球经理》这款游戏所存储的信息总量超过了十亿字节。那里的 0 和 1 真是不少。

在《足球经理》游戏中，你是一家足球俱乐部的教练。你可以为自己的球队挑选球员，那些球员都是现实球员的电脑版本。然后你的球队会和其他球队比赛，你可以根据队员的水平和特征选择让谁上场。

《足球经理》最吸引人的就是它的真实性。电脑球员在游戏里的表现和真实球员在现实生活中一模一样。为了做到这一点，这款游戏为每个球员都存储了大量信息，这些信息会以数字形式存在，接着会再转为字节。

球员的特征都会用数字标出，满分是 20。每名球员有超过 250 种特质会被评分，例如：

能力、加速度、适应性、干劲、预判、集中度、角球、横传、潜力、决断力、肮脏度、控球、停球、天分、任意球、头球、受伤可能性、弹跳能力、领导力、忠诚度、盯人、体质、传球、抗压力、职业性、耐力、强壮、抢断、技巧、团队协作、多变性、远见、工作投入度。

一旦开始列举,你就会发现,要成为一名优秀的球员需要具备太多能力了。

游戏有一套**算法**,那是一种一步接一步的过程。当你的球员在比赛中遇到对手时,算法会通过对比每位球员的数字,决定接下去发生什么。

这种方式和球星卡游戏一模一样。每张球星卡上都会标出球员在以下几个方面的分数:速度、抢断、力量、射球、技术、传球、防守和进攻。当你选出两名球员进行比拼时,数字大的球员获胜。

《足球经理》也是比较球员的数字,但它是在比赛的每时每刻,对超过250种特质进行几乎同步的比较。这就是为什么它会显得如此真实。

亚历克斯	特质	本
10	穿衣品味	15
20	毛发浓密度	7
6	吃饭速度	19
12	舞蹈技巧	12
19	幽默感	18
17	放屁强度	4
1	抹酱技术	20
5	遛狗水平	20

质量控制

《足球经理》要想变得和现实生活一样，就需要尽可能收集到最好的数据。这款游戏的侦察网遍布全球，1300名球探会密切观察现实球员的一举一动，这样当他们在游戏里为球员打分时就能尽量准确了。

如果一名球员总是戴着队长的臂章，而且其他队员都很尊重他，那么他在领导力方面的评分可能是满分20分。如果他非常胖，几乎无法离开地面，那他在弹跳能力方面的评分可能只有1分。

但有些特质是很难评价的。你要如何衡量一名球员的技术好坏、干劲强弱、善良与否以及是否多变呢？又或者你该如何判断

一名球员的古怪程度呢?

《足球经理》还会为守门员的古怪程度评分。这是因为足球界有个陈旧的说法,认为守门员都很疯狂。许多出色的守门员性格都很突出,比如发明蝎子摆尾扑救的哥伦比亚守门员雷内·伊基塔,又比如利物浦英雄布鲁斯·格罗贝拉,他在1984年欧洲杯决赛点球大战时,通过摇晃自己的大腿,成功使对手分心。这里列出了5位疯狂的守门员。

姓 名	国 家	疯 狂 点
法比安·巴特斯	法国	1998年世界杯时,队友们会在法国队的每场比赛前亲他的光头
何塞·路易斯·奇拉维特	巴拉圭	不做守门员时,还可以通过任意球和点球得分
乌戈·加蒂	阿根廷	每次接住传中球后都会拍拍前锋的头
雷内·伊基塔	哥伦比亚	发明了蝎子摆尾扑救,身体鱼跃腾空,用脚后跟将球踢出
延斯·莱曼	德国	曾经好像在球门后小便过,还摘下过一位球迷的眼镜

最疯狂的守门员

最差劲的角球手

著名游戏迷

职业球员在打足球类电脑游戏时，其实处境是很奇怪的，因为他们能选择游戏里的自己当队员。法国中场保罗·博格巴之前明明是为尤文图斯效力，但他在玩《足球经理》时，却把自己设定为切尔西的领队。而且他还在游戏中签了一位法国中场，名字就叫……保罗·博格巴。莫非这是在暗示他想在现实生活中转到切尔西踢球？法国足协在他们的网络视频号公开了一段保罗·博格巴玩《足球经理》的视频，因此所有人都知道他在游戏里选了什么样的队伍。这件事其实对博格巴来说有点尴尬，因为他没有选择当时切尔西的队长——英格兰后卫约翰·特里，而且只选了三位尤文图斯的队友和他一起在切尔西踢球。太尴尬了！

曾在欧冠决赛场上为曼联得分的挪威前锋奥勒·居纳尔·索尔斯克亚一直想成为一名教练。他通过玩《足球经理》来为当教练做准备。据他所说，这款游戏让他认识了很多年轻球员，同时教会了他很多管理知识。后来他真的成了教练，在故乡挪威的一家名为莫尔德的俱乐部执教。执教后的首个赛季，他就带领球队获得了挪威足球超级联赛的冠军。

训练大脑

虽然电脑游戏很好玩,但它能让你成为更好的足球运动员吗?

曼联的训练员认为电脑游戏确实有这个功能。他们会让球员玩一款叫作《神经追踪》的游戏,游戏界面中会有8颗小球四处弹跳。玩家的目标是追踪其中4颗小球,同时不被另外几个小球干扰。在游戏开始前,玩家会被告知需要追踪哪4颗小球,然后到游戏结束时,玩家需要再次指出那4颗小球。如果4颗小球都指对了,他们就会得到高分。

这游戏听起来相当无聊,既没有赛车,也没有对战和怪物,但据说它可以提高玩家的专注力、空间意识以及反应能力,而这些都是成为优秀球员的必备特质。

关于类似这种"训练大脑"的电脑游戏能否真正帮助球员进步,科学家们分成了两派。这些游戏或许可以显著提升他们的反应时间和运动技巧,当然他们也会更擅长在屏幕上追踪小球,但没人知道这对他们在温布利球场,当着90 000球迷的面踢球是否有用。就连曼联俱乐部自己也只是希望游戏能有效而已!

排名降级

一名英超球员曾向足球游戏开发者抱怨,他觉得自己在游戏中的排名实在太低了。他说这影响了球队球员们在更衣室的士气。可是游戏公司态度非常坚决,他们没有更改那名球员的排名。这是个正确的决定:那支队伍在英超垫底,随后就被降级了。

计算机科学小测验

1. 兆字节指的是什么?
a)一种很酷的字节
b)一个三层三明治
c)某件鲨鱼做的事情
d)一百万个字节

2. 对于足球运动员来说,以下哪种特质是有用的?
a)嗅觉能力
b)音乐品味
c)忠诚度
d)喜爱动物

3. 以下哪位球员下午刚花了3小时打足球电脑游戏,晚上就在世界杯决赛上得分了?
a)罗纳尔多(巴西,2002)
b)安德烈亚·皮尔洛(意大利,2006)
c)安德雷斯·伊涅斯塔(西班牙,2010)
d)马里奥·格策(德国,2014)

4. 《足球经理》这款游戏的负责人支持并曾赞助过哪支球队?
a)沃特福德
b)阿森纳
c)切尔西
d)西汉姆

5. 《国际足联2016》这款电脑游戏有什么特别之处?
a)你可以改变球员的发型
b)球员在庆祝进球时受伤了
c)存在一种策略模式,玩家可以在比赛中使用10名前锋
d)第一次出现了女子足球队

星期五　　　　　第一节＋第二节　政治

- 174 -

足球拥有一种可以将人与人联系起来的神奇能力。例如你可能会在公园里踢踢足球，就交到了几个朋友，又或是你遇到了某个和你支持同一球队的球迷，然后就成了一生挚友。当然，在世界杯期间，整个国家的人都会为足球而疯狂。

然而，足球也会让人彼此对立。

在这堂课上，我们将会看到这项运动如何让两国和睦共处，又如何让他们针锋相对。当两国球队在球场上对阵时，这比赛的意义就不仅仅只是 11 个球员对阵另外 11 个球员了。它关乎着整个国家全体人民的希望与失望。

政治是有关国家如何运转，以及国与国之间交际往来的知识。足球可以影响政治——有时是好的，有时是坏的。

圣诞休战

第一次世界大战发生于 1914 年至 1918 年，参战国包括了当时世界上最强大的几个国家及其他一些小国。德国属于一方，英国、法国和俄罗斯则属于另一方。

欧洲的主战场由两条壕沟组成，这两条壕沟彼此相对，绵延数百千米之长，我们称之为**战壕**。英国和法国的士兵住在一边的战壕中，德国士兵则住在另一边的战壕中。两条战壕之间的空地被称为**无人区**，一些区域仅有几十米宽，空地上都覆盖着铁丝网。如果有士兵踏入了无人区，他会立刻被敌方射杀。

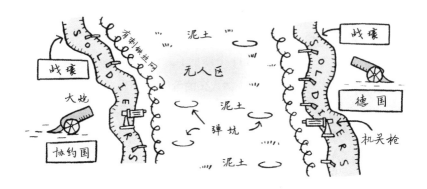

战壕里的生活是痛苦不堪且充满危险的。那里又脏又冷，老鼠肆虐，而且经常会因为枪弹的威力晃动。在1914年12月，德国最高指挥部为了提升士气，向德方战壕送去了几棵圣诞树。不远处就是英国战壕，那里的士兵同样思念着家乡与亲人。当德国士兵唱起圣诞颂歌《平安夜》（英语是 *Silent Night*，德语是 *Stille Nacht*），一队英国士兵听到了他们的歌声并鼓起掌来，他们还请德国士兵再多唱一些。

在 1914 年圣诞节那天，一件不可思议的事情发生了。在一些战壕区，英国士兵和德国士兵放下了他们的武器，走进无人区。他们不仅没有相互攻击，反而还相互握手，交换礼物，并决定一起踢足球。那比赛实在混乱不堪，士兵穿的靴子太重，皮球没多久就泄了气，球门的门柱甚至是由帽子和头盔充当。更让人迷惑的是，在沿着战壕的几场比赛中，有时甚至一队有 100 人参赛。

圣诞节过后，士兵们又回到了自己的战壕中，战争和之前一样继续进行着。直至一战结束，共有 1100 万士兵阵亡。1914 年的那场圣诞休战标志着在欧洲历史最黑暗的时期，也曾有过一刻团结。当英国士兵和德国士兵在一起踢球赛时，他们并不是敌人，而是朋友。

和平的象征

1998年法国世界杯时,类似的事情也在美国和伊朗之间发生了。美国政府和伊朗政府曾是很好的朋友,但在1979年,伊朗领导人被推翻了,国家改由新政府控制。这个新政府并不喜欢美国。

两个国家开始彼此敌对与怀疑,不断猛烈地攻讦对方。所以当他们被分到世界杯同一组时,主办方国际足联担心两国间的憎恨与威胁会让比赛蒙上阴影。

幸好这场在法国进行的比赛还是和平地进行了。赛前,伊朗队向每位美国球员赠予了一束白玫瑰,在伊朗这是和平的象征。最终伊朗队以2∶1的比分赢得了比赛,而这件事的影响远远超过了比赛结果。"我们在这90分钟里做的事,比政治家们20年做的还多。"美国后卫杰夫·阿古斯说。

事情进展得很好,事实上18个月后,两国就又在加利福尼亚踢了一场友谊赛。"(这件事)之所以有非常重大的意义,是因为……它需要双方的共同努力,"曾在那场世界杯与伊朗队共事的迈赫达德·马苏德说,"但如果没有1998年法国世界杯的成功,这件事是不可能发生的。"

作战语言

在足球学校,我们是不喜欢战争的。战争这种讨厌的行为会让人们彼此敌对,最终带来恐怖而悲伤的后果。

但即便如此,你有没有发现,我们在足球场上用的词汇和短语和我们形容战争时用的其实很像?评论员、教练和球员说话的时候总是用敌人、作战计划和荣誉这种词语,听起来就像军队里的将军一样。

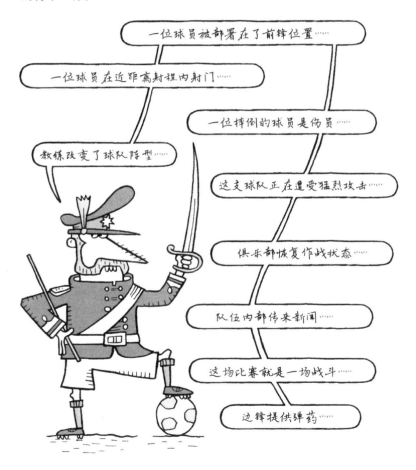

体育勋章

足球和战争的另一个相似之处是,足球运动员和士兵都会在工作时穿制服。足球运动员要穿球衣,士兵要穿军服,而他们会这样做的原因也是一样的:

军 服	球 衣	目 的
手臂上的 V 形标志	臂 章	彰显权威
护 甲	护 腿	保 护
奖 章	代表获得世界杯胜利的星星	展示过去的荣誉
队 徽	队 徽	表明队伍 / 军团

一名士兵的世界和一名球员的世界还有其他相似之处:

士 兵	球 员	目 的
玫瑰勋章 / 围巾	玫瑰勋章 / 围巾	展现忠诚
旗 帜	球迷横幅	展现忠诚
指挥室里的将军	候补席上的教练	下达命令
行进的号角	球迷的合唱	提升士气
某支军队的吉祥物	三只狮子	要捍卫的象征物

在国际足球的舞台上,足球和战争的联系更为明显。国家队能够激起民众强烈的爱国情感,也能重新点燃对其他国家的历史仇恨。在一个著名案例中,3 场世界杯等级的球赛成了一场短期恶战的引爆点。

足球战争

1969年,洪都拉斯队和萨尔瓦多队在赛场上相遇了,为的是争夺1970年世界杯的参赛资格。这两个国家都位于中美洲,彼此相邻,平时相处就像住在同一屋檐下的两个孩子,会为各种小事争吵。这3场比赛让两国之间的关系更糟了。

第一场比赛在洪都拉斯举行。据报纸报道,洪都拉斯球迷为了让萨尔瓦多队的球员晚上睡不好,故意在他们的酒店外制造大量噪音。在洪都拉斯队以1∶0赢得比赛后,双方球迷在球场内大打出手。

在回萨尔瓦多举办的那场比赛中,情势变得更加紧张了。萨尔瓦多人打碎了洪都拉斯队所住的酒店的窗户,然后朝他们扔臭鸡蛋和死老鼠。球迷们烧毁了洪都拉斯国旗,所以当洪都拉斯的国歌在球场奏响时,升上旗杆的不是国旗,而是一块肮脏的破布。在比赛进行期间,球场一直有持枪士兵。萨尔瓦多以3∶0赢得了比赛,球迷在大街上庆祝时

产生了大量骚乱。

由于双方打平,所以就需要有一场决胜局。因为两队支持者的暴力行为不断升级,所以第3场比赛在第三国墨西哥举行。这场比赛踢得十分艰辛,最终萨瓦尔多队在加时赛中得分,以3:2赢得了比赛。

不出3个礼拜,两国就进入了战争。萨瓦尔多的飞机轰炸了洪都拉斯,而且萨瓦尔多军队也进入了洪都拉斯。这场战争一直持续了4天,导致许多人死亡。

尽管这场争端的根源是与就业、移民和贸易相关的事情,但战争的导火索是由世界杯预选赛激发的。正因如此,如今这个事件被称为"足球战争"。

在1970年世界杯上,萨瓦尔多队没有在一场比赛中获胜,也没有踢进一个球。

为和平而战

不过足球也可以带来和平。国家如何运行是政治家的事,但有时他们也会需要一些外界帮助。在象牙海岸,前锋迪迪埃·德罗巴就在平息自己国家内战的过程中起到了重要作用。德罗巴是象牙海岸最著名的球员。他曾当选过两次非洲年度球员,在切尔西效力时,一共进过104个球。

2002年,一场**内战**在象牙海岸爆发,这场战争持续了5年之久。内战指的是同一个国家的人民彼此对立作战。在象牙海岸,已有至少好几百人因为内战而死。但在2005年,这个国家第一次获得了世界杯的参赛资格。

2006年世界杯预选赛,象牙海岸队最终击败苏丹队,获得了参加世界杯的资格。随着全场比赛结束的哨声吹响，来自象牙海岸各地的球员们一同欢庆、拥抱和舞蹈。

接着，德罗巴在更衣室里接受了电视台的直播采访。"象牙海岸的同胞们，无论你们来自北方还是南方，中部还是西部，"他说，"我们今天向你们证明了，我们象牙海岸人可以和平共处，我们可以为了获得世界杯参赛资格这个共同目标而奋斗。我们向你们保证，这场胜利将会团结所有人民。"

所有球员都跪下了。来自南方的德罗巴被他来自北方的队友图雷拥抱着。"宽恕！"德罗巴用法语喊着，"宽恕！宽恕！请放下你们的武器，进行选举。一切都会变好的。"

他的话让整个国家凝聚在了一起，让敌对双方开始倾听彼此的想法。据说在此之后，德罗巴在幕后花了数个月的时间，说服双方展开对话。

"许多低调却成功的足球外交活动中都有德罗巴的身

影。"一篇记述足球运动员如何为非洲带去和平的报道这样说，"他通过个人的干预，说服了（敌对双方），让他们同意（和平协定）。"

德罗巴后来说："在我的职业生涯中，我赢了许多奖杯，但没有任何一座奖杯比为祖国带去和平更加重要。"

斯克缇·莉波

☆ 优秀学员

"我们来投票表决！"

☆ 优秀学员 档案

国际关系：8

收藏的国旗数量：136

投票数：1200万

任期长度：4年

出生地：英格兰威斯敏斯特

支持球队：新英格兰革命（美国）

最喜爱的球员：只要是队长就行

特技：和裁判谈判

政治小测验

1. 德国士兵和英国士兵放下武器，一起踢球这件事发生在1914年的哪个节日？
a）新年
b）复活节
c）圣诞节
d）亚历克斯的生日

2. 教练冲前锋常常会喊哪句军事用语？
a）立正
b）掩护
c）射
d）组成方阵

3. 哪个国家的总理/总统曾经是该国最大的足球俱乐部的老板？
a）阿根廷
b）德国
c）俄罗斯
d）美国

4. 英格兰足球总会的会长威廉王子支持哪支球队？
a）阿斯顿维拉
b）水晶宫
c）女王公园巡游者
d）纽卡斯尔联

5. 阿根廷前锋迭戈·马拉多纳说，他在1986年世界杯上击败英格兰队的那个进球，是对马岛战争的神圣"复仇"。但是"上帝"用了什么来帮助他得分呢？
a）上帝之头
b）上帝之脚
c）上帝之手
d）上帝之脚后跟

歌唱难道没让这个世界变得更好吗?反正它肯定是让足球赛看起来更有意思了。

足球歌曲(或者叫足球助威歌)的历史几乎和这运动本身一样悠久。歌唱可以让球迷和球队团结起来。球迷会觉得自己参与了某个重大的活动,球队则会感受到外界的支持。有教练说,球迷的高声歌唱可以帮助球队获胜。毕竟球员也是人,相较于嘘声,当然是在欢呼声下表现得更好。想象一下如果是你在踢球,然后每当你碰到球的时候,就会有人给你喝倒彩,想必在这种情况下你一定很难集中注意力。

在这堂课上,我们会搞清楚那些足球歌曲究竟是哪儿来的,还有为什么我们需要唱这些歌。我们将会比较这些歌曲和希腊诗歌的相似之处,不过好在我们不需要用希腊语唱。

我们还会了解一些国歌。每场国际比赛前,来自不同国家的两支队伍都要先唱国歌。国歌通常反映了整个国家的特性,球迷们喜欢唱得越响越好。球员有时会加入唱国歌的队伍,有时不会。在足球学校,无论起了什么调子,我们都希望每个人能跟着唱起来——这节课会非常吵!

足球民歌

自古以来，人们创作了成千上万首足球歌曲，在比赛时唱歌也已经成了一种常态。但比赛时到底要唱哪首歌可不是由什么委员会决定的。人们不会选出一位作曲家，让他创作或是唱出当日最有趣的调子。恰恰相反，任何人只要想唱歌，只要站起来唱就行。如果其他人也喜欢这首歌，他们就会加入。

有些人将这些音乐视为一种**民歌**。前英国桂冠诗人安德鲁·姆辛认为足球助威歌是"民间诗歌的超级蓄水池"。安德鲁·姆辛曾受女王委派，为重大事件写诗（他的诗作内容涵盖了许多重要事件，例如战争、霸权和气候变化）。

民歌的作曲者一般并不知名，而且都是通过人们口耳相传。世界上最早的诗歌也是以这种方式流传至今。《伊利亚特》和《奥德赛》两首长诗据说是由古希腊诗人荷马所作，距今已有近3000年之久。这些史诗最初并没有被写下来，而是像那些最好记的足球助威歌一样，通过人们口耳相传。

冷静点

现存的足球助威歌中,最古老的一首创作于19世纪90年代。这首助威歌最初是为英格兰东岸一支当地工厂球队而创作的,后来随着诺维奇城俱乐部在1902年成立,它又变成了诺维奇城的官方歌曲。虽然已过去了100多年,但诺维奇的球迷们还是会在每场比赛前

城队最强
中线开球,
边线发球,
比赛中来争球,
低调行事,
华丽冲刺,
好哇,背水一战就在此;
城队最强,
别去顾虑前方险阻,
冷静点,
现在是你的好机会,
好哇!我们进球了!
城队,城队,城队。

演唱这首歌。是不是很振奋人心!

歌词里的"争球(scrimmage)"会被用在各种体育运动中,最著名的就是橄榄球的争球。不过这个词在英语里还有练习赛的意思。

多好的调子

足球可以让人有归属感。如果你和成千上万的球迷们唱着同一首歌,就算你不认识他们,也会觉得和他们非常亲近。高歌出你对球队的支持会是个很有趣的经历,哪怕球队输了也是如此。通常歌曲的调子都是采用一些非常知名的旋律,或者就是直接借鉴最近的流行歌。

助威歌原曲

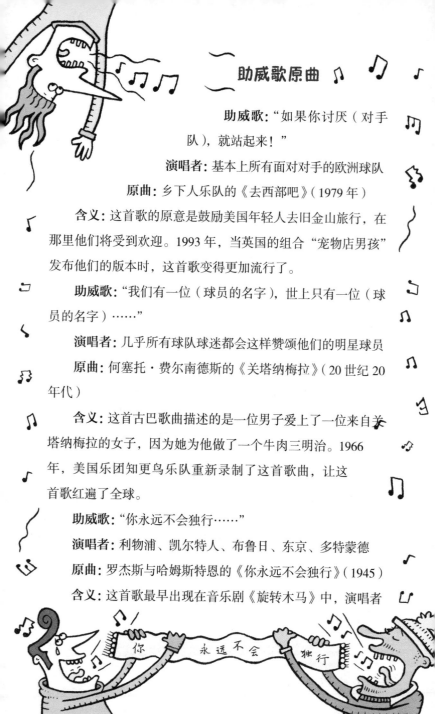

助威歌："如果你讨厌（对手队），就站起来！"

演唱者： 基本上所有面对对手的欧洲球队

原曲： 乡下人乐队的《去西部吧》（1979年）

含义： 这首歌的原意是鼓励美国年轻人去旧金山旅行，在那里他们将受到欢迎。1993年，当英国的组合"宠物店男孩"发布他们的版本时，这首歌变得更加流行了。

助威歌："我们有一位（球员的名字），世上只有一位（球员的名字）……"

演唱者： 几乎所有球队球迷都会这样赞颂他们的明星球员

原曲： 何塞托·费尔南德斯的《关塔纳梅拉》（20世纪20年代）

含义： 这首古巴歌曲描述的是一位男子爱上了一位来自关塔纳梅拉的女子，因为她为他做了一个牛肉三明治。1966年，美国乐团知更鸟乐队重新录制了这首歌曲，让这首歌红遍了全球。

助威歌："你永远不会独行……"

演唱者： 利物浦、凯尔特人、布鲁日、东京、多特蒙德

原曲： 罗杰斯与哈姆斯特恩的《你永远不会独行》（1945）

含义： 这首歌最早出现在音乐剧《旋转木马》中，演唱者

扮演的是一位失去丈夫的女人,她的丈夫试图抢劫别人,结果在逃脱追捕的过程中意外摔倒,被自己的刀刺中身亡。1963年,利物浦乐队格里和带头人改编了这首

歌,随后这首歌便成了利物浦和其他球队的队歌。

足球歌曲也可以很搞笑。西班牙加的斯队的球迷就总是会唱:"裁判呐,你实在太帅啦!"他们这样就是为了和那些总是抱怨裁判的球迷区分开来。幽默感对足球助威歌来说非常重要,通常最流行的助威歌都是那些最搞笑的歌曲。

我们足球学校队也需要一首歌。你如果有任何点子,请告诉我们哦!

国 歌

在国际比赛中,球队经常都会唱他们自己的**国歌**。国歌指的是被民众和政府视为国家官方歌曲的音乐。

第一首国歌的出现时间可有点久远。它创作于16世纪60年代,这首名为《威廉颂》的歌曲是为了赞颂荷兰统治者威廉·奥伦治。第二首国歌则在此后200年才出现,那就是英国的国歌。

英国国歌《天佑国王》(或者是女

王，取决于王位由谁继承）在1745年时开始广泛流传。由于这首歌的曲调非常受欢迎，所以包括瑞典、德国、俄罗斯在内的好些国家都使用过这首歌的曲调，只是填了不同的歌词。

事实上，如果英国和列支敦士登同场比赛，你去听赛前播放的国歌时，就会发现列支敦士登国歌《在年轻的莱茵河上》用的仍然是《天佑国王》的曲调。

大多数国歌都是在20世纪20年代被确立的。今天全世界的国歌大致可以分成五类：

欧洲（进行曲＆颂歌）、南美洲（史诗铜管歌剧）、非洲（颂歌）、亚洲（民族音乐＆宗教颂歌）、中东（号角音乐）。

球迷们喜欢在国际比赛前唱国歌，但并非所有球员都喜欢这样做。有时他们会选择保持安静，从而保存体力，把注意力集中在比赛上。有时他们则根本没有选择：例如西班牙的国歌根本没有歌词。乌拉圭国歌和阿根廷国歌的前奏很长，但由于国际足联只允许播放国歌的前90秒，所以球员们在张嘴唱的时候常常会进错拍。

球员会因为没有唱国歌而受到指责。有些人认为这说明他们不在乎自己的国家。2010年世界杯时，德国队就因为没有唱国歌而遭到了猛烈批评。2014年世界杯时，英格兰教练罗伊·霍奇森就告诉队员，必须要在赛前参加合唱《天佑女王》。霍奇森的助理教练加里·内维尔曾为英格兰队踢过85场球赛，可他从未在赛前唱过国歌，据他所说，他的"注意力都在比赛上"。歌唱并没有在2014年帮助到英格兰队：他们可能努力唱出最大声了，但他们一场比赛都没赢，最后拿了小组倒数第一。

爱国主义

我们将对祖国的热爱称为**爱国主义**，国歌则是爱国主义的重要组成部分。有些国家的成立时间比较短，这些国家的国歌对球迷的触动很大。

1991年，南斯拉夫解体，由此形成的克罗地亚共和国、斯洛文尼亚共和国、北马其顿共和国、波斯尼亚和黑塞哥维那共和国纷纷确定了自己的国歌。波斯尼亚和黑塞哥维那的国歌就造成了一些问题：由于该国的政治家们无法就国歌歌词统一意见，所以最终这首国歌就没有歌词了。而在卢旺达和伊拉克这些曾处于战乱的国家，人们曾试图用国歌来化解争端。

新兴国家的球迷常常更热衷于展现他们的爱国主义，所以会响亮而自豪地演唱国歌。这是因为当一个国家成立时间较短时，那里的人民常常会更热爱它，更想将自己的国家展现出来。本穿新鞋的时候也会这样。

无论你支持哪支球队，我们都建议你可以响亮而大声地唱出来。球员会很喜欢，你也会很享受——哪怕你唱歌时的声音就像扎到脚趾后老奶奶的尖叫声一样。

亚历克斯和本的歌曲簿
最喜爱国歌

按名字排名：

1. 塞内加尔——《把科拉弹起来，把鼓儿敲起来》
2. 挪威——《对！我们热爱祖国》
3. 孟加拉国——《金色的孟加拉》
4. 尼泊尔——《唯一百花盛开的国度》

按曲调排名：

1. 意大利——《意大利人之歌》
2. 巴西——《巴西国歌》
3. 法国——《马赛曲》
4. 乌拉圭——《乌拉圭国歌》

优秀学员档案

唱歌前她会默念："1-2-3-4"

音域：9个八度

最大声量：100分贝

每分钟节拍数：120

出生地：新加坡

支持球队：西雅图海湾人（美国）

最喜爱的球员：亚历克斯·宋

特技：她是二过一传球的大师

音乐小测验

1. 荷兰拥有全世界最古老的国歌，这首国歌的名字是：
   a)《无聊的曲调》
   b)《我们哼唱的小调》
   c)《嗒-啦-啦-啦-卟-嘀-哎》
   d)《威廉颂》

2. 以下哪句话是皇马队歌《加油马德里》的歌词？
   a)"我穿着你的球衣，贴近我的心门！"
   b)"我们叫皇家马德里，那是因为我们真实而尊贵！"
   c)"马德里有全世界最棒的餐馆！"
   d)"我们爱你，胜过热爱生活！"

3. 世界上唯一一首有总统参与作词的国歌属于哪个国家？
   a) 哈萨克斯坦
   b) 玻利维亚
   c) 朝鲜
   d) 斯威士兰

4. 20世纪90年代流行乐队半人半饼干曾有一首经典歌曲：《圣诞节我只想要……》，请将这首歌的标题补充完整：
   a) 亨克竞技的主场球衣
   b) 艾特米拿的主场球衣
   c) 布拉格杜克拉的客场球衣
   d) 斯孔托里加的客场球衣

5. 曼城球迷针对巴西前锋浩克编出的哪句歌词让波尔图队不满，以至于该葡萄牙俱乐部向欧洲足联提出抗议？
   a)"你没什么厉害的！"
   b)"你是绿色的，你知道你是绿色的！"
   c)"如果你闻到浩克了你就站起来！"
   d)"你的超人在哪儿呢？"

在本周最后一堂课一开始，我们要告诉大家一个坏消息：我们都注定会完蛋！

地球上的人口一直在增加，我们几乎没有地方来盖房子和种食物了。到未来的某个时刻，我们一定无法在地球上找到任何立足的空间。

现在再跟大家说个好消息：我们还有整个宇宙可以去探索。

我们将远离足球学校，看看是否能在火星上踢足球。

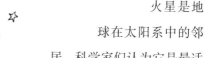

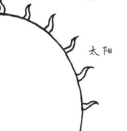

火星是地球在太阳系中的邻居，科学家们认为它是最适合人类太空移民的行星。

准备好来参观这颗红色行星了吗？五、四、三、二、一。起飞！！！

又冷又黑

在火星上生活会面临许多挑战。第一,那里的气温能把你冻得屁滚尿流。火星的平均气温大约是零下60℃,和南极的冬天一样冷。第二,火星的大气中没有足够的氧气。人类需要氧气来呼吸,所以如果我们要出门,就得时时刻刻戴着氧气面罩。第三,由于它离太阳更远,所以那里的阳光大概只有地球上的一半。

不过这只是些小麻烦而已,它不会阻止我们踢球的——如果不能在外面踢,那就在有灯照着的室内球场踢好了。

不一样的大气

然而,火星足球和我们喜爱的地球足球可是两种截然不同的运动。这是因为火星上存在某些我们无法更改的现象。

如果你在火星上踢一下球,那颗球会飞得比在地球上更高,跑得比在地球上更远。造成这个现象的原因有两点:

1. 引力

当你向下丢某个物体,造成物体落向地面的力叫作引力。火星上的引力只有地球引力的1/3。这主要是因为火星比地球更小更轻。

如果你在火星往下丢一颗球，它会比在地球上坠落得更慢。如果你在火星上踢球，由于球不会那么快就掉到地上，所以它能比在地球上跑得更远。

如果你在火星上垂直向上踢球，这颗球也会飞得更高。当守门员踢球门球时，他们很容易就把球踢到球场外去。

由于火星的引力比较小，所以你跳高时的高度可以达到地球上的3倍。

这样头球选手就会觉得更有意思了。

2. 空气阻力

我们说的空气指的是地球周围那些看不见的气体。这些气体的主要成分是氮气和氧气，它们都是由非常小的**微粒**组成。可是那些微粒又是什么呢？如果你在身前快速挥一下手，你应该会感到有一阵风。这就是亿万微粒在与你的手碰撞。当一颗足球在空气中穿梭，它也会造成一阵风。而它沿途撞到的那些空气中的微粒会让它慢慢停下来，我们把这种现象称为空气阻力。

火星上也有空气，但它的成分主要是二氧化碳，而且密度只有地球的1/100，非常稀薄。换句话说，火星空气中的微粒数要远远少于地球空气中的微粒数。火星上的球之所以能跑得更远，也是因为那里能让球停下的空气微粒更少。

☆ 别像这样弯曲它……

火星上微弱的空气阻力还会对踢足球有另一种影响：当你踢球的时候，你会无法让球路弯曲。我们在地球上踢球时，为了让踢出的任意球或角球呈弧线飞行，我们会踢侧旋球，也就是让球旋转着前进。旋转的足球会和空气微粒碰撞，从而导致球路转为弧线。但如果你在火星上踢侧旋球，由于旋转的足球撞不到那么多空气微粒，所以最终它的球路也不会弯曲。那些擅长踢弧线任意球的著名球员到火星上就成了差劲的球员。

著名的任意球球员

大卫·贝克汉姆（英格兰）

罗纳德·科曼（荷兰）

西尼萨·米哈伊洛维奇（塞尔维亚）

儒尼尼奥·佩南布卡诺（巴西）

安德烈亚·皮尔洛（意大利）

未来足球

在火星上踢足球会有很多挑战,所以未来的火星足联就得决定,我们是否需要通过更改比赛规则来解决这些问题。

为了确保球别飞出太远,球员们就必须学会用比平时更小的力量踢球。又或者火星足联可以引进一种更重、弹性更差的足球。但这些改变可能会让比赛变得又无聊又拖拉。

除了上面两种办法,火星足联还可以扩大球场面积,这样球员就能把球踢得更远了。但球迷可能没那么开心,因为他们大概得戴着望远镜才能看清球场上发生了什么。

我们的确可以去火星上踢足球,但火星人是否会像我们一样喜欢踢足球呢?或许只有时间才知道答案。

其他行星

太阳系中还有一些行星比火星离我们更远,在那些行星上踢球,我们面临的挑战会更大。

行 星	主要问题	结 果
金 星	460℃	球会熔化
木 星	没有固态的地表	人在液体上奔跑
海王星	风太大	球会飞走

优秀学员 星新超·斯纳维 "无边宇宙!"

优秀学员 档案

平均跳高高度:3米
球衣厚度:5厘米
每次从火星来的通勤时间:8个月
共有多少双荧光色袜子:500双
出生地:英国洛克
支持球队:洛杉矶银河(美国)
最喜爱的地表:人造草皮
特技:悬浮在空中

物理小测验

1. 距离太阳最近的行星叫什么?
   a) 土星
   b) 水星
   c) 金星
   d) 木星

2. 引力解释了什么现象?
   a) 为什么当你向下丢书时,书会掉到地上?
   b) 为什么铁钉会粘在磁铁上?
   c) 为什么你在火星上不能呼吸?
   d) 为什么肉汁如此可口?

3. 为什么火星被称为红色星球?
   a) 因为第一个发现火星的人支持曼联球队
   b) 因为火星上非常热
   c) 因为火星被红色尘土覆盖
   d) 因为火星之前被人们称为红色土地

4. 英格兰队前中场大卫·贝克汉姆曾为哪支美国球队效力?
   a) 纽约宇宙
   b) 休斯敦迪纳摩
   c) 洛杉矶银河
   d) 科罗拉多彗星

5. 人类近期发现的哪个星系是以球员命名的?
   a) 红星7号,以拉希姆·斯特林命名
   b) 宇宙红移7号,以克里斯蒂亚诺·罗纳尔多命名
   c) 明亮流星9号,以利昂内尔·梅西命名
   d) 新星9号,以内马尔命名

现在该回地球了！

是啊，时间一下子就过去了。真难过！这本书就要结束了。

比赛结束的哨声就要吹响了……

但是我们学会了许多新东西！

是的！我们现在知道了，有个哥哥姐姐其实是件好事——

还有哪些国家的国歌是铜管歌剧——

还有为什么石榴对巴塞罗那来说很重要——

以及国家间的足球赛居然可以在现实生活中导致一场战争。

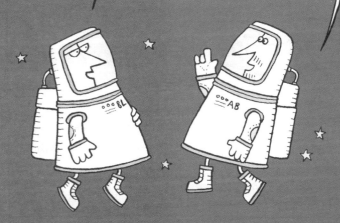

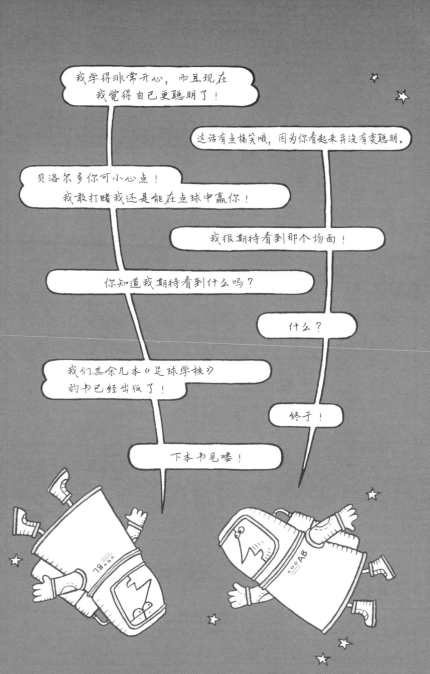

小测验答案

生物
1. d
2. b
3. b
4. c
5. d

英语
1. c
2. d
3. b
4. c
5. c

数学
1. a
2. c
3. c
4. a
5. b

动物学
1. c
2. a
3. c, 龙
4. a
5. b

个人健康与社会教育
1. b
2. a
3. a
4. c
5. b

历史
1. b
2. c
3. c
4. a
5. a

心理学
1. b
2. b
3. b
4. c
5. b

设计技术
1. c
2. d
3. b
4. a
5. c

地理
1. b
2. a
3. d
4. c
5. d

戏剧
1. a
2. a
3. b
4. c
5. a

哲学
1. a
2. a
3. c
4. c
5. a

摄影
1. a
2. c
3. c
4. b
5. c

商业研究
1. d
2. b
3. d
4. a
5. d

时尚
1. b
2. b
3. d
4. c
5. a

计算机科学
1. d
2. c
3. b
4. a
5. d

政治
1. c
2. c
3. a
4. a
5. c

音乐
1. d
2. a
3. a
4. c
5. a

物理
1. b
2. a
3. c
4. c
5. b

致　谢

最优秀的团队也会需要其他人的支持。亚历克斯和本非常开心能和插画师斯派克·格雷尔成为队友。斯派克，你是个天才。

看到朋友、家人和各类专业人士都很乐意为足球学校添砖加瓦，我们感到很幸运。我们的经纪人丽贝卡·卡特和大卫·勒克斯顿总会给出最正确的建议和最适时的鼓励。

我们再也找不到像这样热情洋溢、潜心做事、创意非凡的沃克出版社的团队了。全世界只有一个丹尼斯·约翰斯通·伯特、黛西·杰利科、艾利·皮尤、路易丝·杰克逊和爱丽丝·普里默！

我们想要感谢以下人士所付出的时间，以及他们所贡献的专业知识：彼得·艾勒吉、艾伦·艾姆斯、蒂姆·安杰尔、大卫·巴伯、罗莎·布兰斯基、夏兰·布伦南、拉兹万·布莱努、格雷格·科恩、皮特·埃切尔斯、戴恩·范宁、伊恩·福加克斯、泰·福斯特、詹姆斯·哈特尼特、伊格尔·海茨、斯蒂芬·亨特、利·爱尔兰德、迈尔斯·雅各布森、大卫·詹姆斯教授、汤姆·詹金斯、西蒙·库珀、安德鲁·劳恩、史蒂夫·劳伦斯、马克·利特尔顿、罗伯特·麦克尼斯、亚历克斯·马歇尔、史蒂夫·麦克纳利、唐·麦克弗森、马克·米奥多尼克、詹姆斯·蒙塔古、本·奥克利、萨拉·欧克利、山姆·皮尔格、乔什·拉特、亚当·卢瑟福、理查德·萨德利尔、大卫·斯皮格哈特、艾伦·司布真、路易斯·维迪加尔、大卫·温纳。

感谢我们最初的那些优秀学员：迪伦·奥尔巴赫、乔·贝登鲍威尔、拉菲和扎克·巴特菲尔德、玛雅和乔西·格林斯莱德、蒂博·利特尔顿、索尔和加布里埃尔·帕尔顿。

亚历克斯想要感谢鲁思·舒尔曼和罗门·帕顿帮助他形成了这个想法。如果没有娜塔莉的爱与鼓励，以及扎克清晨的哭声闹钟，亚历克斯将无法完成这本书。

本还想感谢安妮，感谢她的启发和支持，以及克莱米和比比，他们是全世界最可爱的校对者。

关于你的教练们

亚历克斯·贝洛斯会为《卫报》撰写与数学相关的文章。他出版过两本科普书《亚历克斯的数字王国历险记》和《亚历克斯透过望远镜看见了什么》，以及一本数学涂色书《雪花贝壳星》。他的著作《足球：巴西人的生活方式》入围了当年年度体育图书奖。除此之外，他还为贝利写了一本畅销的自传。

本·利特尔顿是一位足球专栏作家、足球节目评论员和足球咨询师。他是《十二码：完美点球的艺术与心理学》的作者。他所撰写的关于足球的文章已在20多个国家发表，同时他也是一家帮助球队提高成绩的足球咨询公司 Soccernomics（经济足球）的负责人之一。

还有你的插画师：

斯派克·格雷尔从小就喜欢画画和踢足球。作为一名插画师，他现在可以通过画画谋生。不过他内心还是一直希望成为一名中场球员的。